ENTRE NUAGE ET EAU

Tōzan

ENTRE NUAGE ET EAU

Le quotidien d'un apprenti moine zen

ÉQUATEURS

Ouvrage édité par Jeanne Pham Tran.

ISBN : 978-2-3828-4349-9.

Dépôt légal : janvier 2023.

170 *bis*, boulevard du Montparnasse, 75014 Paris.
editions-des-equateurs@orange.fr
www.editionsdesequateurs.fr

« [...] nous ne savons plus arrêter nos gestes; nous voulons être sûrs que notre cœur bat ses soixante-dix coups par minute, que nous ne perdons rien de ce qu'il faut faire ni de ce qu'il faut voir; nous n'osons plus pénétrer nulle part les mains dans les poches, de peur d'être pris pour des oisifs. Et nous ne voyons pas qu'en nous hâtant de toucher aux choses et de les prendre nous risquons de ne plus les comprendre et même de les perdre à jamais... »

Paul Gadenne, *Discours de Gap*.

« C'est pourquoi le maître zen Dōgen a dit : [...] Suivre le maître, suivre les soutras – tout cela signifie se suivre soi-même. Les soutras sont une expression de vous-même. Le maître est VOTRE maître. Lorsque vous voyagez très loin pour rencontrer des maîtres, cela signifie que c'est pour vous rencontrer vous-même que vous voyagez très loin. Lorsque vous cueillez une centaine de mauvaises herbes, vous vous cueillez cent fois. Et quand vous grimpez à dix mille arbres, c'est sur vous-même que vous grimpez dix mille fois. Comprenez que quand vous pratiquez de cette manière c'est sur vous-même que vous pratiquez. En pratiquant et en comprenant ainsi, vous lâcherez prise et trouverez la vraie saveur de votre moi pour la première fois. »

Kōshō Uchiyama, *Pour vous qui avez décidé de devenir moine zen*.

Sommaire

Avant-propos

J'ai toujours été curieux. À ma naissance, la sage-femme fit remarquer à ma mère que mes mains restaient en permanence grandes ouvertes, comme pour mieux capter ce monde fabuleux et inconnu qui s'offrait à moi pour la première fois, là où la plupart des nourrissons gardent les poings fermés et se recroquevillent sur eux-mêmes. Tout commence certainement là.

On me demande souvent comment j'en suis arrivé à devenir moine zen, qui plus est au Japon, à presque 10 000 kilomètres de cette belle vallée de la Loire qui m'a vu grandir. J'avoue ne jamais bien savoir quoi répondre à cette question pourtant attendue. La vie est surprenante et vous trimballe d'un endroit à l'autre. Un jour, sans trop faire attention, vous vous retrouvez enveloppé d'une longue robe noire, assis sur un coussin de méditation, un chapelet au cou, dans un petit temple perdu au fond d'une montagne enneigée. Il me serait facile de faire un grand récit permettant de contenter tout le monde, liant chaque fragment de ma vie avec une logique implacable permettant d'expliquer mon parcours jusqu'à maintenant. Mais, pour être honnête, je n'ai rien vu arriver.

Je suis d'un naturel introspectif, préférant le calme à la vitesse et la quiétude au bruit de la société. Depuis l'enfance déjà, j'aimais me promener des heures en longeant les calmes rives du Cher. Je flânais souvent dans le cimetière situé non loin de la maison de mes grands-parents, observant les noms inscrits sous ces grosses croix qui ne m'évoquaient pourtant rien. En bon fils unique, je pouvais rester silencieux dans ma chambre des journées entières, passant le temps à regarder par la fenêtre, explorant le monde lointain en imagination.

N'ayant reçu aucune éducation religieuse, ma rencontre avec le zen fut le produit d'une conjugaison de hasards. Peut-être n'aurais-je jamais plongé dans le bouddhisme si je n'avais pas croisé les bonnes personnes au bon moment, si je ne m'étais pas tourné vers les bons temples, si je n'avais pas lu les bons livres. Entrer en religion n'est pas une simple histoire d'adhésion intellectuelle, on ne devient pas pratiquant par simple amour de la pensée d'un maître chinois ou de la cosmologie indienne. Cela touche à l'instinct, au ressenti intime, à une forme de résonance profonde et intérieure. Une vocation, diront certains.

Lorsque je me suis assis pour la première fois sur un coussin de méditation, dans une petite salle parisienne où trône une modeste statue du Bouddha, j'ai eu ce sentiment étrange d'être rentré chez moi, comme l'évidence d'être enfin là, à la place que la vie m'avait attribuée en secret. J'étais à l'époque dans un cheminement personnel encore très hésitant, je voulais éprouver la question de la vie intérieure, conscient que la connaissance de soi passe par un au-delà de la connaissance livresque. Je savais qu'il était temps pour moi de m'engager dans une tradition religieuse solide, sans savoir exactement laquelle. Je me suis alors rendu dans un petit dojo zen quelconque trouvé sur internet. Tout mon avenir allait prendre sens dans cette première heure de méditation, comme quelque chose d'irréversible qui allait décider du reste, ressemblant à ce converti décrit par Claudel : « Un homme qu'on arracherait d'un seul coup de sa peau pour le planter dans un corps étranger au milieu d'un monde inconnu. »

J'ai très vite compris qu'une religion, quand bien même son message serait universel et partout diffusable, serait plus facilement compréhensible dans son milieu naturel. Il est difficile d'étudier les éléphants au Groenland. Le Bouddha ne parlait pas japonais, et il est inutile de partir habiter en Asie pour vivre les enseignements du bouddhisme. Malgré tout, le mot « zen » est aujourd'hui en France utilisé à toutes les sauces, pour vendre du shampoing, des massages, des éponges recyclables ou des formations en bien-être. Il y a même un « salon zen » chaque année à Paris pour écouler tout cela. Certains pratiquants bouddhistes eux-mêmes sont pétris d'une vision exotique et romantique de la Voie, affirmant un peu rapidement que le zen peut se résumer à la seule pratique de la méditation, le *zazen*. L'instrumentalisation consumériste du bouddhisme est partout. Et, d'un très bon ami catholique, j'avais retenu le sage conseil qu'il fallait se défier des chemins n'ayant pour but que d'améliorer le « moi », voies qui sous couvert de bonnes intentions ne feraient que prolonger l'égocentrisme ordinaire.

Ne sachant alors pourtant pas encore que le zen ne se comprend pas mais se vit, l'idée de partir au Japon pour découvrir le bouddhisme s'est donc rapidement esquissée. Avant mon départ au sortir de l'hiver 2018, je venais de quitter un emploi administratif et monotone en « ingénierie urbaine ». Un travail indéfinissable en une courte phrase est forcément suspect, et je crois que personne n'a jamais vraiment compris ce que je faisais derrière mon ordinateur. Moi non plus d'ailleurs. J'avais jusque-là enchaîné des études croisant la géographie urbaine et la philosophie, des expériences professionnelles et personnelles, sans jamais réussir à trouver ce sur quoi poser définitivement mon esprit.

Je suis arrivé à Kyoto à la veille de mes 26 ans, avec une seule idée en tête : découvrir le zen sous toutes ses formes. Tout en apprenant le japonais dans une petite école de langue située non loin du palais impérial, j'utilisais mon temps libre pour visiter les temples, rencontrer des moines, voir sur le terrain ce que j'avais trop longtemps lu dans les livres. Cette étape initiatique de deux ans m'a énormément aidé pour la suite. J'ai pu apprendre la langue correctement et percevoir ce qui dans la pensée japonaise rendait l'approche du zen si particulière.

Contrairement à l'image d'une tradition que l'on présente souvent comme une spiritualité laïque, j'ai découvert un monde basé sur la foi, la dévotion, les rites, les prosternations, l'éthique quotidienne. Le bouddhisme japonais n'a rien d'une spiritualité pure et parfaite détachée des réalités matérielles et des aléas humains. Plutôt, il constitue une religion plurielle énorme, enchâssée dans une histoire mouvante, un vaste corpus de textes rédigés dans une langue complexe, une iconographie aussi importante que fascinante. Sans ces éléments qui le composent, il est certain que l'enseignement du Bouddha ne nous serait pas parvenu.

J'aurais pu en rester là. Après tout, je pratiquais le zen en tant que laïc lors des événements organisés dans les temples de Kyoto, j'étudiais les textes pour approfondir ma compréhension personnelle, j'échangeais sur le bouddhisme avec mes proches. Mais quelque chose en moi s'est obstiné. Peut-être est-ce une simple spécificité de mon caractère : j'aime aller au bout des choses. J'ai donc décidé de devenir *unsui*, « nuage et eau », terme utilisé pour décrire un jeune moine zen itinérant, passant de temple en temple, de maître en maître, d'expérience en expérience sur l'interminable chemin de la libération et de l'Éveil.

J'ai alors rejoint le temple Antai-ji, fondé à Kyoto en 1923 par Oka Sotan, moine de la branche Sōtō du bouddhisme zen japonais. Ayant déménagé dans la préfecture de Hyogo, sur l'île principale de Honshu, le temple isolé dans les montagnes fonctionne en autosuffisance, avec ses propres rizières et son potager. Connu dans le monde zen pour avoir été l'un des rares temples de l'archipel à avoir eu à sa tête un abbé étranger, l'Allemand Muhō Noelke, il est désormais dirigé par une nonne japonaise également formée auprès de Aoyama Shundō, Ekō Nakamura, avec qui j'ai pratiqué chaque jour durant deux ans. Contrairement au zen occidental, le zen au Japon est connu pour son approche foncièrement martiale. S'il est important de se garder de tout extrémisme, avancer sur un chemin spirituel demande rigueur, effort et diligence. Se regarder en face et plonger en soi, voir ses limitations et ses imperfections tout en avançant dans les pas des bouddhas et des patriarches n'est pas quelque chose de facile. Sans discipline et une certaine rusticité d'âme, il est selon moi compliqué de suivre un chemin religieux sans risquer de s'égarer. C'est grâce à cette aridité première, je crois, que la finesse et la délicatesse du zen peuvent d'ailleurs éclore.

Ce livre est le produit de cette courte expérience. J'y raconte sous la forme d'un carnet de chroniques thématiques les journées interminables de méditation, la cuisine au temple, les relations entre les moines, la pratique de la mendicité. Ces expériences sont indissociables de la culture japonaise traditionnelle dans laquelle le bouddhisme prend place, et c'est pourquoi le lecteur trouvera certains passages plus explicatifs.

Ne faisant que livrer ce que la vie a bien voulu m'offrir, cet ouvrage n'est en aucun cas un traité doctrinal ou un rapport académique. Le zen devant être intimement vécu dans sa chair et ses os pour qu'il devienne une vérité, il me semble important de rappeler que vous n'apprendrez rien sur la pratique en lisant les lignes qui suivent. Si le bouddhisme n'avait qu'un seul but, il serait de faire découvrir à l'homme sa véritable nature, sa « nature originelle », et c'est pourquoi faire sa propre expérience me semble fondamental.

Lorsque je suis sorti de ma formation au temple en tant que novice, de retour à Kyoto pour vivre dans le quotidien du monde les enseignements que j'avais reçus, plusieurs personnes m'ont demandé de raconter plus en détail ce que j'avais pu vivre. J'ai un certain goût pour la transmission, et j'avais réussi à écrire quelques articles sur mon expérience, mais je ne comptais alors pas écrire un livre.

Contacté par une éditrice bienveillante et soucieuse de ne pas réduire le bouddhisme à une image d'Épinal, après avoir hésité à me lancer dans ce travail d'écriture, j'ai finalement accepté de coucher sur le papier les détails de ma vie monastique. Il existe tant de pratiquants bien plus sérieux, raisonnables et expérimentés que moi, au Japon, en France ou ailleurs, et ce récit n'a pour prétention que de rejoindre les témoignages des milliers de moines qui m'ont précédé et qui, chacun à leur manière, ont tenté d'exprimer la gratitude envers la Voie.

Mon plus grand souhait est donc que le lecteur puisse par cet ouvrage entrer dans ce monde du bouddhisme japonais qui, par sa forme, pourra lui sembler étrange et lointain mais qui, par ses enseignements, touche au fond du cœur de chaque homme et de chaque femme vivant sur cette terre.

1

Sans rien chercher, juste s'asseoir

何も求めず、ただ坐るだけ

L'hiver est vite arrivé. Une lourde cape de neige est venue étouffer notre petit temple, qui semble s'enfoncer dans le blanc comme une bûche meurt dans la cendre. Nous venons de fixer les *yuki kakoi*, sortes de grandes plaques démontables en bambou utilisées pour protéger les habitations des chutes de neige. Le bois nécessaire à la cuisine et à la chauffe du bain a été stocké, les derniers *hakusai* et *daikon* ont été récoltés et stockés à l'intérieur de la grange principale. Afin de prévenir les coupures de courant, régulières et pouvant durer jusqu'à plusieurs semaines, nous avons installé un petit générateur dans la bibliothèque. La température extérieure et intérieure étant la même, nous resterons tout l'hiver dans le *hiroma*, la pièce de vie principale, que nous avons équipé d'un poêle à bois. Chaque matin vers 4 heures, avant la première méditation, un moine réchauffe la pièce pour la journée, espérant ne pas faire fuir la chaleur de cette grande arche de bois et de papier.

La petite route menant au temple est désormais inaccessible, et nous voilà en dehors du monde pour plusieurs mois. Plus de courrier, plus de visiteurs. Les rizières aussi sont entrées dans un profond sommeil, comme emmitouflées sous un épais futon laqué de neige brillante. Au loin, coincé sous un ciel bas et gris, l'écho des cèdres qui craquent a remplacé l'aboiement des chevreuils, toute vie semble avoir disparu des montagnes. Depuis le premier étage du temple, le visage collé à la fenêtre du grand couloir, je contemple durant de longues minutes ce paysage d'une ineffable beauté.

Toute l'année, nous parlons de l'hiver. L'hiver qui arrive, l'hiver à préparer, l'hiver à supporter. Certains moines attendent l'hiver avec impatience, d'autres le redoutent. Au sein de la communauté, cette période de confinement extrême dévoile les psychologies les plus fragiles.

Dix ans avant moi, un autre bonze français était présent dans les murs de ce temple. La méditation du matin venait de se terminer, et ce dernier fut victime d'une soudaine crise de claustrophobie. On raconte qu'il s'est soudainement levé de son *zafu*, le coussin de méditation, se ruant vers l'entrée de la cuisine pour y déposer en convulsant tous ses vêtements. Ouvrant difficilement la porte bloquée par les mètres de neige, il s'enfuit du temple, totalement nu, courant tout droit dans la neige comme un sanglier fonçant vers la forêt. Les moines du temple durent prévenir l'hôpital le plus proche pour trouver une issue au problème. Il aura fallu réquisitionner un hélicoptère venant de la ville de Tottori pour sortir le moine de sa folie. Il fut placé sous surveillance durant plusieurs jours, et comme il n'était pas enregistré auprès de la sécurité sociale japonaise, le temple dut s'acquitter de l'ensemble des frais d'hospitalisation.

En écoutant cette histoire pour la première fois, je m'imaginais une personne totalement extérieure à cette vie monacale, comme catapultée devant cette scène, voyant un moine zen nu se débattant dans la neige, gesticulant, refusant de monter dans un hélicoptère et insultant les médecins japonais dans un français intraduisible. Ironiquement, cette histoire est devenue le symbole de l'hiver, période où les personnalités se mettent à nu.

La vie sous la neige ressemble à une quarantaine. Pendant mon premier hiver au temple en tant que novice, un confinement d'un autre genre a traversé la vie des Français. Le simple fait de rester chez soi sans rien faire peut conduire vers la dépression, l'angoisse, la confusion mentale. Pour toute une partie de la population, le confinement lié à l'épidémie a été vécu comme un traumatisme.

« Tout le malheur des hommes vient de ne savoir pas demeurer en repos, dans une chambre », disait Pascal. Dans un temple zen, nous recherchons ces espaces de pause, d'arrêt, de suspension en dehors des bruits du monde. Nous venons ici pour nous confiner, consentir avec ardeur à une claustration qui seule nous paraît l'unique salut dans un monde ridiculement agité.

Si vous demandez à un moine zen ce qui est le plus important dans la vie d'un homme, il vous répondra peut-être : la connaissance de soi. Pas une connaissance livresque ou intellectuelle, mais une connaissance intérieure et directe, une connaissance où l'esprit souffle, conduisant à éprouver la vie comme elle est et non comme on aimerait qu'elle soit. Pour accéder à ce type de connaissance, parler du sens de la vie avec ses amis à la terrasse d'un café parisien n'est pas possible, et il est impératif de se dégager des obligations sociales, familiales, et de toutes les belles tentations que le monde propose, au moins pour un temps.

Se rencontrer une fois seulement, s'observer sans ménagement, ne plus consentir à l'évidence d'être soi, cela n'est pas si fréquent à l'échelle d'une vie humaine. Si tous les moines zen ne sont pas des *éveillés* à la manière des anciens maîtres, il est certain que la pratique zen les a confrontés à ce qu'ils *sont* fondamentalement. Peut-être est-ce pour cela même qu'ils sont beaucoup à tenir le silence comme un rempart à l'inquisition des questions d'un public curieux et trop pressé de tout connaître des secrets de l'âme humaine, oubliant dans sa quête l'importance des instants d'arrêt et de recueillement.

Jeune lycéen, je me souviens avoir été frappé par la lecture de *Walden*, d'Henry David Thoreau. L'écrivain avait passé deux années dans une petite cabane située au bord d'un étang, dans l'État du Massachusetts, et en avait tiré un livre écrit tout en symboles, sorte d'ode liturgique à demi-païenne voyant dans le lac « l'œil de la terre, où le spectateur, en y plongeant le sien, sonde la profondeur de sa propre nature », comme si l'univers était le reflet extérieur de l'étendue de notre vie intérieure. J'ai relu ce livre quelques années plus tard, surpris de n'y trouver plus aucune énergie, aucun intérêt réel. Les rencontres ont aussi leurs moments. Mais en y repensant, la vie au temple ressemble bien à cela, un refuge temporaire et nécessaire pour répondre à un étrange appel. Nous étions tous venus dans les montagnes pour nous éprouver, et les réalités de l'isolement étaient là pour nous remettre les idées en place.

Pendant cette longue période de gestation hivernale, nous sommes dégagés du travail agricole. Nous employons notre temps à méditer et à étudier les textes classiques du zen, en particulier le *Shōbōgenzō* de Dōgen Zenji, figure majeure de la tradition zen Sōtō. Chaque jour, un moine différent présente durant deux heures une lecture commentée d'un texte choisi par le responsable de l'étude, suivie d'un temps de débat où chacun peut exprimer son interprétation personnelle du texte. À Antai-ji, le style d'étude n'est pas académique. Nous ne cherchons pas à débattre du sens réel du texte et encore moins à détailler la pensée des anciens maîtres. Nous nous exprimons d'abord sur notre pratique individuelle, le texte doit parler de notre vie quotidienne ici, au temple. En réalité, les patriarches n'ont pas écrit par pur plaisir esthétique ou pour concourir à la plus belle conférence du Collège de France, mais pour libérer les pratiquants du cycle incessant des renaissances. Les écrits que nous lisons doivent donc toucher aux aspects les plus intimes de notre vie, entrer en nous et croître comme le feuillage d'un arbre resplendit avec l'âge. Une phrase écrite par un moine du XIIIe siècle peut vous renvoyer à notre vie *hic et nunc*, à votre passion excessive pour l'alcool ou les jeux vidéo, qu'importe. Suivant la règle faisant des soutras le corps vivant du Bouddha, un moine ne parle jamais d'un texte classique sans le rapporter directement à son expérience spirituelle, à quelque chose d'incarné.

Chaque moine doit également rédiger un rapport d'une cinquantaine de pages sur une thématique libre en lien avec le bouddhisme. Lors de mon premier mémoire, j'ai décidé de traiter du végétarisme et des interdits alimentaires dans le bouddhisme chinois. À mon arrivée au temple, comme beaucoup de jeunes pratiquants, j'étais végétarien. Certains étaient même strictement vegans. J'ai voulu comprendre la raison historique de ce phénomène. Je me suis donc plongé pendant tout l'hiver dans les textes de la bibliothèque traitant du sujet. J'ai appris que le végétarisme du zen venait en partie des traditions taoïstes, l'interdiction de la viande étant d'abord prononcée au moment des rites funéraires.

Étudier l'histoire des dogmes permet de relativiser, car derrière les interdits plus ou moins formels se trouvent toujours des hommes et des femmes qui, plus ou moins consciemment, sont pénétrés d'habitudes, d'envies, de réflexes culturels. Notre temple se trouvant dans la campagne japonaise, il arrive régulièrement que nous ayons des donations de sangliers ou de chevreuils par les villageois chassant aux alentours. Par tradition, et malgré l'interdiction de manger de la nourriture carnée, nous acceptons et honorons chaque don, nous interdisant de briser la bonne intention qui a conduit le donateur à se délester de quelque chose pour l'offrir au temple.

Mais au-delà de tout cela, il y a le Japon. Les Japonais sont de grands carnivores, ils aiment manger du poisson, ils adorent la nourriture animale sous toutes ses formes. À la télévision : de la nourriture. Dans les discussions : de la nourriture. Dans la rue : un torrent de nourriture. À croire que le Japon est une gigantesque auberge. Les Japonais et la bouffe. Un sujet énorme, porté par une diversité de produits et de préparations totalement inimaginable pour la plupart des Occidentaux. Croire que la cuisine japonaise se résume aux sushis, aux ramens et à quelques pâtisseries est un déplorable raccourci. D'ailleurs, je me souviens que Gérard Depardieu, lors d'une tournée gastronomique sur l'archipel, était venu visiter le plus grand des temples zen Sōtō du Japon, Eiheiji, où il avait médité quelques minutes.

Quand bien même vous iriez dans les temples les plus stricts qui imposent un menu végétarien lors des repas ritualisés, les moines japonais mangent de la viande régulièrement. Il suffit de demander aux novices d'aller poster une lettre pour que ces derniers fassent un détour pour acheter des brochettes de poulet ou des sashimis de cheval. On ne chasse pas le naturel si facilement. Comme beaucoup de jeunes moines avant moi, j'arrivais végétarien dans un temple où l'on débattait des techniques d'amélioration du mijoté de cochon. J'ai voulu étudier ce paradoxe dans mon rapport, rédigé en japonais, certainement encore archivé sous un tas de poussière dans la bibliothèque principale, avec tous les écrits de mes prédécesseurs.

Les textes étudiés durant l'hiver sont pour la plupart rédigés soit en sino-japonais classique, le *kanbun*, soit en japonais ancien. Avant d'en décrypter le sens, il est nécessaire de les traduire en japonais moderne, tâche extrêmement rébarbative. Pour un étranger, un casse-tête absolu. Les Japonais eux-mêmes ont du mal à lire ces textes, la plupart des moines actuels ne lisant pas couramment le *kanbun*.

Les supérieurs savent cela et font preuve de beaucoup de tolérance envers les novices. Il faut dire qu'eux-mêmes n'y comprennent rien. Ils restent cependant toujours très attentifs à une bonne compréhension de l'esprit des enseignements, le zen reposant pour beaucoup sur une culture de l'oralité. Que vous sortiez major de l'université de Tokyo ou que vous ayez arrêté l'école au début du lycée, l'accent n'est jamais mis sur l'érudition mais sur la bonne réception du sens spirituel. Gloser pour gloser n'apporte rien en matière religieuse.

À cela est cependant conditionnée la maîtrise d'idéogrammes très atypiques dont l'utilité pour la vie courante est nulle. Ainsi, avant même de parler d'un texte, il faut passer par une étourdissante succession de traductions. On se tord l'esprit pour lire et comprendre un mot de vocabulaire dont les idéogrammes ne sont plus utilisés depuis deux cents ans et, une fois la totalité du texte traduit, on doit admettre que l'on ne comprend toujours rien, l'auteur ayant conclu sur une blague obscure ou un jeu de mots douteux, comme c'est souvent le cas dans la tradition zen.

Lors des séances communes, le texte du jour est toujours lu tel quel face à l'assemblée, en sino-japonais classique ou en japonais ancien. En cela inintelligible, le texte est ensuite traduit par le moine désigné en japonais contemporain. Traduire correctement un paragraphe prend plus de temps que d'en faire son commentaire, et il est courant de voir les novices s'endormir en écoutant leur camarade. Une fois le texte lu en entier, chaque phrase est relue et expliquée en japonais moderne. Alors seulement, le moine peut développer son analyse personnelle.

Je me souviens encore du premier extrait de Dōgen que j'ai étudié, un passage du *Zuimonki.* Le moine chargé de la distribution des chapitres m'avait apporté le texte en disant : « Le *Zuimonki* est un recueil de paroles informelles que Dōgen a donné à ses disciples, c'est du japonais familier, ça devrait aller. » Je me suis alors rendu dans la bibliothèque, où j'ai ouvert le livre au morceau indiqué. Il ne m'a pas fallu bien longtemps pour comprendre que le « japonais familier » de Dōgen du XIIIe siècle n'avait pas grand-chose à voir avec le japonais familier du XXIe siècle. Le texte était chargé de citations retranscrites en sino-japonais dans un style hérité du chinois, sans aucune marque grammaticale familière au japonais actuel. Le passage insistait sur l'importance du détachement, et en lisant ce petit texte je me souviens avoir regretté que les propos de Dōgen n'aient pas eux aussi disparu avec son ego.

Après des nuits passées à décortiquer d'étranges idéogrammes, l'étude nocturne ayant remplacé le peu de sommeil laissé par la vie monacale, j'ai réussi à venir à bout de l'extrait demandé. J'ai donné ma première présentation face aux moines, pétrifié à l'idée de passer à côté d'un point fondamental. Personne n'a rigolé, j'imagine donc n'avoir pas dit trop d'imbécillités.

N'ayant aucune activité réellement physique durant l'hiver, nous ne mangeons que deux repas par jour et ne nous lavons qu'une fois par semaine. Nous puons, nous maigrissons, mais cela permet d'économiser notre stock de bois. Le fameux minimalisme zen, nous y voilà enfin ! Rien à voir avec tous les produits de beauté vendus sous l'étiquette « zen », c'est certain. Une sorte d'hibernation rustique, similaire à celle des ours qui veillent sur nous dans les montagnes des alentours. De cette vacance saisonnière, nous tirons l'énergie qui sera nécessaire au printemps, le dégel venu.

L'hiver est donc en soi une longue méditation, un espace où le temps semble s'étirer tout en se densifiant. Une attente où rien ne paraît en surface mais où, en profondeur, tout se prépare aux éclats futurs. La nature elle-même s'arrête pour mieux se concentrer dans ses tréfonds, la vie du sol se recompose, les animaux se retirent, les arbres se dépouillent comme on entre dans un jeûne. Dans le *Jisho Zanmai,* Dōgen assimile la nature à un immense texte, sorte de vaste mandala dans lequel nous déambulons, une grammaire sacrée recouvrant les montagnes, les arbres ou les nuages. Contrairement à ce que l'on entend parfois, le zen est une religion absolument littéraire. Les soutras, les écritures sacrées, font et sont le monde. Comme expression de la vérité bouddhique, la réalité est elle-même un langage, le « soutra des montagnes et des rivières » pour reprendre le mot de Daikan Enō. Déchiffrer tout cela, se dissoudre dans la grande grammaire vide du cosmos, c'est cela que nous visons dans ces mois de froid et de silence. Au temple, nous utilisions pour évoquer l'hiver le mot de *kokorogamae.* Littéralement, une préparation de l'esprit.

Pourtant, la saison hivernale est moins affaire de climat que de méditation. Si l'étude structure les journées, notre temps est d'abord dirigé vers le recueillement, notamment les *sesshin*. Le mot *sesshin* est composé de deux idéogrammes dont l'association est très intéressante, le premier renvoyant à la notion de contact, d'addition, d'absorption, et le second évoquant le cœur ou l'esprit. Beaucoup de traductions existent : « se recueillir sur l'esprit », « unifier son esprit », « mettre en ordre son esprit », et il est impossible de donner un sens unique à ce terme. Dans le langage courant, nous utilisons le mot *sesshin* pour indiquer que nous allons pratiquer le zen, et particulièrement le *zazen*, la méditation zen sans objet ni but, de manière intensive et totale.

Antai-ji est l'un des temples zen du monde où l'on pratique le plus de *sesshin*. Chaque mois, du 1er au 5, nous pratiquons uniquement *zazen*, à raison de quinze heures par jour, du matin au soir. Cela s'ajoute évidemment aux quatre heures de *zazen* que nous faisons chaque jour de l'année. Durant une *sesshin*, les feuilles mortes s'accumulent dans le jardin, les légumes poussent sans être ramassés, toute l'énergie des moines est tournée vers le *zazen*. Juste s'asseoir, simplement s'asseoir, sans rien chercher d'autre que l'assise elle-même.

Avant d'entrer au temple, je pratiquais déjà *zazen*. Je n'ai d'ailleurs jamais vu personne entrer dans ce style de temple sans une expérience préalable de la méditation, comme j'imagine mal un novice à la vie de moine chartreux n'ayant encore jamais prié. Mais il y a une différence énorme entre pratiquer *zazen* une heure par jour dans sa chambre, assis entre des bandes dessinées et des paquets de gâteaux secs, et faire une *sesshin* dans un temple zen.

À Antai-ji, durant ces deux années passées au temple, j'ai passé environ trois mille six cents heures assis sur un coussin de méditation, à ne rien faire, dans le plus complet délassement. Même en étant relativement paresseux, être absolument improductif est plus difficile qu'il n'y paraît. Simplement assis, là, juste là. *Tada suwaru dake*. Comme suspendu au-dessus des bruits du monde, stationnant dans un retrait qui assume l'abandon des activités et des désirs.

D'ordinaire, même dans un temple zen, il est très facile de divertir votre esprit. Vous êtes préoccupé par la gestion des rizières, le bois à couper, le ménage ou les préparations en cuisine. Mais lorsque pendant plusieurs jours vous êtes coincé dans l'ennui, comme vissé sur votre coussin, votre esprit se trouve dépossédé de lui-même, bloqué dans une vacance et un temps qui s'étirent sans fin.

Dans la plupart des temples du Japon, les moines méditent peu, voire pas du tout. Le *zazen* étant d'abord entendu comme la partie d'un service liturgique plus global, il ne constitue pas le cœur de la pratique. La grande majorité des moines, une fois leur formation dans les grands temples officiels terminée, ne méditeront d'ailleurs plus jamais et se contenteront d'organiser des récitations de soutras pour les fidèles rattachés à la paroisse familiale. À Eihei-ji, le plus grand centre de formation de l'école Sōtō, les moines méditent tout de même deux heures par jour, mais il n'y a pas de *sesshin* régulière en dehors de la grande retraite de décembre.

Lors de sa prise de fonction à Antai-ji, l'ancien abbé Kōshō Uchiyama Roshi, sous l'influence de son maître Kōdō Sawaki, a radicalement réformé la manière de méditer. S'opposant à une vision cérémonielle du *zazen*, il supprima toute lecture de soutra durant la période de recueillement, comme c'était alors l'usage, rendant le *zazen* absolument silencieux. Il augmenta également le temps dévolu à la méditation, faisant passer la durée moyenne de trente à cinquante minutes. Il arrêta d'utiliser le *kyosaku,* ce long bâton de bambou que l'on tient face à soi, utilisé pour frapper le dos courbé des moines luttant contre la douleur ou tentés par l'endormissement.

Uchiyama voyait dans tous ces artifices un « jeu » de plus, polluant la pratique pure et simple du recueillement, détournant le pratiquant vers une sorte de récréation de l'esprit. Conduit par une exigence d'authenticité, il décida de méditer aux côtés des moines. Dans la grande majorité des grands temples zen, l'abbé médite généralement derrière ou en retrait des moines, sur une structure rehaussée permettant d'observer sa communauté. Voulant revenir à la simplicité originelle de l'expérience de l'assise, Uchiyama décida d'installer son coussin de méditation entre les autres moines, sur la même ligne de méditation. Tous face au même mur.

Mais surtout, il mit en place une routine organisant toute la vie du temple autour du *zazen*. Un jour ordinaire est un jour où l'on passe quatre heures sur le coussin, en début et fin de journée. Tous les cinq jours, la journée passe à dix heures de méditation. Enfin, il décida de pratiquer une *sesshin* de cinq jours à raison de quinze heures par jour tous les mois. Ce style modeste, simple et brut, qui diffère radicalement des autres temples zen, fait d'Antai-ji l'un des lieux du zen où l'on médite le plus au monde.

Je me souviens de mes premières expériences de *zazen*. La première fois, c'était en France, au dojo zen de Paris, rue de Tolbiac. J'étais à l'époque en pleine recherche spirituelle, et je venais de découvrir la philosophie japonaise, particulièrement Keiji Nishitani, un intellectuel de l'École de Kyoto qui pratiquait l'assise zen dans le courant Rinzaï. Les auteurs japonais prennent en général très au sérieux la question de la vie intérieure. C'est pétri de lectures et de conceptions intellectuelles sur le zen que je m'étais rendu dans ce petit *zendo* parisien pour participer à une initiation à la méditation.

« Le dos droit, bien dans l'axe, les épaules détendues, les genoux enracinés dans le sol, jambes croisées. Mettez votre langue contre votre palais, gardez les yeux légèrement ouverts, regardez face à vous, sans rien fixer. » Après quelques explications sur la posture et l'état d'esprit à adopter, la vraie séance de méditation débuta. Une petite armée de Parisiens en robe noire, tous bien alignés, le visage grave et terne, est entrée dans la salle de méditation, et chacun a rejoint son coussin comme un habitué rejoint sa place au comptoir d'un troquet. Un salut face au mur, un salut face à la salle. Je me suis installé sur mon petit *zafu* noir, ni trop dur, ni trop mou. Les derniers participants se sont assis. Le son du bol a résonné, faisant vibrer ce petit local aux murs peints d'un blanc jauni et aux fines fenêtres laissant passer le bruit lointain de la circulation parisienne. Le *zazen* rend attentif aux détails.

Je ne pourrais pas nommer correctement les émotions qui m'ont traversé ce jour-là, mais en sortant de cette expérience de silence j'ai eu la certitude d'avoir touché quelque chose, une forme de vérité différente, plus authentique et plus intime. Je ne savais pas encore ce que le zen allait devenir pour moi, mais je savais qu'il y avait un monde à explorer derrière « tout ça ». Dans la prière, on fait une louange ou un remerciement, on s'adresse à Dieu. Lorsque l'on fait *zazen*, il n'y a rien de tout cela. Rien, juste la vie, sans quémander, sans espérer. Rien de séduisant, aucune promesse. C'est ce jour-là que j'ai rencontré le zen.

Quelque temps plus tard, je m'étais résolu à partir pour le Japon. Je voulais comprendre le zen sur place, « dans son jus ». Lorsque je suis arrivé à Kyoto pour la première fois en avril 2018, j'ai vécu dans une petite maison traditionnelle construite au début de l'ère Meiji, bordant le chemin de la philosophie, non loin du grand complexe zen du Nanzen-ji. Cette maison était partagée entre plusieurs résidents, comme cela se pratique beaucoup au Japon. Y vivaient principalement des Japonais mais également une Géorgienne, un Mexicain, et surtout un autre Français, Colin Deschamps. Par un heureux signe du sort, ce dernier était étudiant en historiographie bouddhique et travaillait comme rédacteur pour une revue académique rattachée au Higashi Honganji, le plus grand temple de l'ancienne capitale impériale, affilié à l'école Jōdo Shinshū. Nous sommes rapidement devenus amis. Connaissant la complexité historique et culturelle des différents courants du bouddhisme, Colin m'a ouvert de nombreuses portes de compréhension et m'a fait gagner un temps précieux. Nous méditions ensemble régulièrement, sur le toit de notre maison commune, face aux montagnes bleutées qui cerclent la partie ouest de la ville. Sans cette rencontre décisive, il est presque sûr que je ne serais pas moine aujourd'hui.

Colin m'avait conseillé de pratiquer dans un temple de manière plus régulière. Cela évite de méditer seul, de séparer le *zazen* d'un esprit de groupe. Pratiquer, c'est d'abord se relier aux autres. Au fil de mes recherches, j'ai trouvé le Mugekō-in, un petit temple familial et confidentiel situé le long de la rivière Takano, au nord de Kyoto. Tenu par un vieux maître et sa femme, le Hondo, la pièce centrale du temple où l'on médite et officie les cérémonies, n'est ouvert qu'une fois par semaine à la méditation. Les gens entrent librement, se changent si besoin, s'assoient pendant une heure, puis repartent chez eux.

Après plusieurs mois, le vieux maître voyant ma motivation pour pratiquer toujours plus m'orienta vers Jeff Shore, un Américain pratiquant dans le zen Rinzai. Chose rare à Kyoto, Jeff organisait des sessions de méditation quotidiennement dans un petit ermitage à l'entrée du vieux quartier de Gion. Après vingt-cinq ans de pratique en tant que laïc au temple du Tōfukuji, Jeff a enseigné trente-cinq ans à l'université Hanazono, la grande université Rinzai du pays. Il est extrêmement sérieux et convivial, drôle par certains égards, et sa vie est désormais faite de méditation et d'écriture avec sa femme, mais aussi d'accueil de retraitants de toute la planète. J'ai été surpris de voir chez lui des Polonais, des Hongrois, des Anglais qui prenaient trois semaines de congés pour venir méditer dix heures par jour avec lui. Traverser la planète pour s'asseoir sur un coussin, quelle merveilleuse idée. C'était encore une fois ironique : pour trouver un endroit zen où méditer intensément au Japon, il fallait de nouveau se tourner vers des étrangers.

Les retraites de Jeff sont toujours radicales : trois heures de méditation minimum, en position du lotus. Si vous voulez méditer moins longtemps, passez votre chemin. C'était la première fois que je méditais de manière aussi intense. Jeff insistait énormément sur les techniques de respiration, et c'est avec lui que j'ai appris à réguler mon mental par le souffle, à apaiser les tensions de mon corps durant la méditation. Bien utilisée, la respiration a un pouvoir incroyable, insoupçonné, qui peut réellement changer votre vie émotionnelle. Après plusieurs mois de pratique ensemble, Jeff m'a incité à participer à une première vraie *sesshin*, durant une petite semaine, organisée dans un village totalement oublié situé dans les montagnes de la préfecture de Shiga, non loin de la rive ouest du lac Biwa, sur les hauteurs de Takashima. Nous étions au cœur du printemps, les cerisiers étaient gonflés de fleurs et les lucioles striaient l'air du soir d'une belle lumière verte. Cela faisait déjà un an que je vivais au Japon.

Kutsuki : le terminus d'un bus qui serpente entre les vallées, comme une destination finale pour l'existence. À peine descendu, je remarque la vieille bâtisse toute coiffée de paille, au bout du chemin. Je me présente à Itaka-roshi, le maître du lieu. Il faut dire que le personnage ne laisse pas indifférent. Après une jeunesse militante et des années à fréquenter différents temples zen du pays, ce spécialiste de Kenji Miyazawa et ami personnel de Gary Snyder décida de se retirer dans la montagne pour vivre une vie frugale, calquée sur les vieilles traditions agraires japonaises. Il construisit une petite maison en chaume et en terre, installa un *irori*, le foyer japonais, et partage désormais sa vie entre un travail de bûcheron et la méditation. Grand amateur du poète Nanao Sasaki, il anime des cercles littéraires et accueille des pratiquants du bouddhisme, toutes branches confondues.

Itaka me présente le lieu et m'explique le déroulement de la semaine : sept jours sans se laver, manger peu, dormir quelques heures, passer quatorze heures en posture de *zazen* chaque jour. Aucune pause n'est permise. Un moine du nom de Takeo l'assiste, et me déconseille aussi de parler, de lire, d'écrire ou d'utiliser un quelconque moyen de communication. « De manière générale, évite de faire ce que les humains font d'habitude. » C'est ma première expérience de ce type. Nous sommes cinq autres pratiquants, dont un moine de l'école zen Obaku. Je ne parlerai avec les autres participants que le dernier jour de la retraite, lors d'un bref repas de clôture. Très vite, tout le monde va se coucher dans la petite grange aménagée qui jouxte le zendo.

Le lendemain, la cloche accrochée au-devant de la petite masure brise la nuit : 3 h 30, la méditation commence. Une semaine à s'asseoir face à un haut panneau de bois aménagé pour l'occasion. Voilà ma première vraie *sesshin*. Je me souviens encore d'un immense trouble m'envahissant, ce sentiment du vide, du temps qui s'étire, un temps épais et lent où chaque seconde paraît des heures. Vivre le temps. C'est donc cela, le zen ? Et que faire de tout ce temps ? Une heure, deux heures, dix heures… puis des jours qui s'alignent dans le silence et la douleur envahissant mon dos et mes jambes. Le *zazen* densifie le temps, le rend plein, fort. Lorsque vous méditez une heure entre votre travail et votre jogging, vous savez que les choses se termineront rapidement, que vous pourrez fuir quelque part. C'est sûrement pour cela que certains attribuent un aspect relaxant à la méditation : assez de temps pour se calmer, pas assez pour se retrouver seul en face de soi.

Mais ici, pas de sortie de secours. Lorsque vous méditez durant une semaine, vous êtes bloqué, coincé en vous-même, dans la douleur d'un corps qui peine à tenir la posture, contenu dans l'ennui, face à toutes ces pensées qui s'agitent devant vous comme un grand théâtre de rue. Dans une heure, dans un jour, les mêmes problèmes ressurgiront, il n'y aura pas de parole guérisseuse, de ligne de fuite, aucun après. Une *sesshin* vous fatigue d'être vous, épuise votre être dans une grande solitude. Mais qu'est-ce que je fais encore là ? Je pourrais me lever et partir. Le dernier bus n'est pas encore passé…

Les humains cherchent toujours à décharger le fardeau que représente la vision de leur propre personne. La *sesshin* permet d'annuler tout cela, de se nettoyer. J'ai souvent senti ce sentiment de « propreté » après avoir médité durant plusieurs jours, comme si un rangement avait été fait par le simple fait de se recueillir en silence. Une bonne douche. Rien de satisfaisant ou d'agréable, juste quelque chose qu'il fallait faire. Le zen, c'est d'abord une nécessité du cœur qui aspire à vivre le repos.

Durant cette semaine de *zazen*, l'un des participants eut une violente crise d'angoisse. Je le revois encore, assis en posture de méditation. C'était le troisième jour, dans l'après-midi. Il se mit progressivement à forcer sa respiration, devenant de plus en plus bruyant, commençant à balancer son corps de haut en bas. Une grosse toupie folle venant de perdre son axe. Après plusieurs minutes, sûrement agacé par le bruit, Itaka-roshi se leva lentement, saisit le morceau de bois servant habituellement à sonner la cloche, et frappa violemment le jeune Japonais dans le dos. Trois grands coups, bien au milieu des épaules. Le jeune homme se calma, reprit son souffle, retourna dans sa méditation. La méthode zen : toujours aller vers la simplicité.

Les crises de panique sont assez classiques chez les personnes qui ne sont pas préparées spirituellement aux longues méditations. L'angoisse, contrairement à la peur, n'a pas d'objet précis. C'est un sentiment très proche du simple sentiment d'exister. L'esprit, incapable de se concentrer sur quelque chose de fixe, se retrouvant comme dépourvu de support et de distraction, sombre dans la panique.

Un jour, lors de mes méditations avec Jeff, je me suis évanoui après avoir médité trop longtemps. J'étais en posture du lotus depuis plusieurs heures, et je me suis réveillé allongé sur un tatami, dans le salon, un autre pratiquant me tendant un jus d'orange en me soulevant légèrement la tête. Les moines japonais à qui j'ai raconté cet épisode n'ont pas été surpris. D'une manière ou d'une autre, le corps réagit durant *zazen*. Une anxiété trop forte, une fatigue anormale, un problème de coagulation… Certaines personnes découvrent un diabète ou une maladie chronique en méditant. D'une manière générale, votre méditation vous révèle. Lorsque je bois du thé avant de méditer, mon esprit se calme rapidement. Si je bois du café, il m'est presque impossible de me sentir serein durant la séance.

Quand je suis arrivé à Antai-ji, j'étais donc au fait de la difficulté d'une *sesshin*. Mais tout cela n'a rien à voir avec la grande retraite d'hiver, Rohatsu. Du premier au huit décembre, afin de célébrer l'Éveil du Bouddha, d'un commun accord, tous les temples zen du pays s'enfoncent dans un profond silence. Après ses pérégrinations en Inde, il est dit que le Bouddha s'assit au pied de l'arbre de la *bodhi* et médita durant une longue semaine, réalisant ainsi son éveil spirituel. Comme pour commémorer sa libération, nous faisons *zazen*. Cette retraite, plus longue que d'habitude, symbolise le retour de la pratique à son aspect le plus essentiel, le plus dépouillé : la simple assise qui ne cherche rien d'autre qu'elle-même. « Durant Rohatsu, vous devez tuer Bouddha. Pour tuer Bouddha, vous devez devenir Bouddha » nous était-il répété. Comme si, par ce rituel, il nous fallait revêtir le corps du Bouddha, littéralement. Notre *kolomo*, cette longue tunique noire portée en dessous de la robe de moine, c'est la peau du Bouddha. Les os du Bouddha, ce sont nos os. Le corps du Bouddha, le corps du monde. Ce n'est pas vous qui faites *zazen*, mais le *zazen* qui se fait en vous et par vous. Tout est déjà là, éveillé, et c'est cela que nous devons incarner.

Dans la pratique, Rohatsu signifie surtout une expérience radicale de la méditation. Du matin au soir, sans parler, raidis de froid, nous méditons, quinze heures par jour, assis sur le *zafu*, face au mur blanc d'un Hondo balayé par le vent. Le dernier jour est le pire, et s'étire jusque dans le matin du jour suivant, concluant cette longue expérience par une brève récitation du *Soutra du cœur*. Cette période de recueillement représente une étape initiatique fondamentale dans le cursus du novice. Lorsque vous croisez un moine d'un autre temple, votre conversation vous amènera naturellement à parler de « la *sesshin* de décembre ».

La veille, l'abbesse du temple, Ekō Nakamura, nous avait pourtant avertis : « Demain, commencera la grande *sesshin* de Rohatsu. La douleur, le froid, la fatigue ou l'agitation mentale, tout cela vous accompagnera. Rohatsu n'est pas composé de séances de *zazen*, Rohatsu n'est qu'un seul et même *zazen*, un seul et même instant. Lorsque vous mangez, faites *zazen*. Lorsque vous dormez, faites *zazen*. Votre *zazen* doit être votre vie tout entière. N'essayez pas de compter les jours qui restent à méditer, oubliez la prochaine journée, la prochaine heure, la prochaine minute, la prochaine seconde. Vivez chaque instant, sans aucun calcul. Être en vie est incroyable, et cela suffit. Dans l'histoire de notre temple, personne n'est encore mort en *zazen*. Si cela vous arrive, n'ayez aucune crainte, nous ferons une cérémonie funéraire. Quoi de mieux que de mourir ici, assis en posture de méditation, entourés de cèdres et de pruniers ? »

Puis, quelques heures de sommeil. Déjà 3 h 30, le tambour résonne. La cloche brise les derniers moments de silence, le temple s'agite. Nous plions nos futons, passons tous rapidement aux toilettes, dans un silence qui ne nous quittera plus.

Pour Rohatsu, la cérémonie d'entrée dans le Hondo diffère du *zazen* ordinaire. Nous avançons en ligne, faisons le tour du temple par le couloir extérieur, pénétrons par la porte centrale. La statue de Bouddha trône au milieu de l'autel, éclairée par de longues chandelles dont la flamme vacille sous la brise du vent. Des offrandes et des fleurs ont été déposées la veille. Nous nous prosternons devant le Bouddha, puis faisons le tour du temple par l'intérieur, en marchant silencieusement. Chacun rejoint son *zafu*, s'assoit en silence. Après plusieurs coups de cloche donnés par le *jikidō*, l'abbesse entre dans la pièce. Elle porte un grand *kesa*, une robe monastique léguée par le maître Kōdō Sawaki, avec de larges bandes à la couleur bordeaux et d'élégants motifs suggérant le mont Fuji, ou peut-être étaient-ce des nuages planant au-dessus des rizières. Elle se prosterne trois fois, pose de l'encens sur l'autel, se déplaçant sur les tatamis sans le moindre bruit. Il est dit que les maîtres zen ressemblent à des chats.

La cérémonie terminée, *zazen* commence. Le premier d'une longue série. La méditation ouvrant la journée dure toujours une heure. Puis, *kinhin*, la méditation en marchant, les mains posées en dessous du sternum. Durant *kinhin*, nous avançons de deux tatamis, tous au même rythme, soit 3,64 mètres pour quinze minutes de marche. Le bol est sonné, chacun revient vers son coussin. Quarante-cinq minutes de *zazen*, quinze minutes de *kinhin*, quarante-cinq minutes de *zazen*, quinze minutes de *kinhin*…

Les premiers jours, tout s'est bien passé. Je me souviens avoir simplement eu un peu froid. Je suis calmement entré dans ce que nous appelons le « seuil du quatrième jour », sorte de passage où l'esprit cesse naturellement de s'éparpiller. Dans certains temples Rinzai, la *sesshin* est interrompue au milieu de ce quatrième jour symbolique, et du thé est servi à chaque moine entre deux sessions de *zazen*. Après un certain temps, enfoncé dans la méditation, votre imagination s'affaiblit, votre corps se relâche, tout devient calme en vous. C'est le *samadhi*, profond et clair. Votre volonté même de méditer disparaît, vous ne faites plus la méditation, la méditation s'exprime en vous.

J'ai de nombreuses fois pu expérimenter ce sentiment de puissante sérénité au cours d'une *sesshin*, souvent consécutif à une grande douleur corporelle. Avoir mal aux jambes ne fera pas de vous un meilleur pratiquant, et il est préférable d'éviter toute austérité tournant à la mortification, l'esprit calme prenant racide dans un corps relâché. Mais la douleur trouve parfois son sens dans l'ascèse, rendant possible un certain lâcher-prise. Votre corps n'a pas besoin de vous pour réaliser l'aspect factice de votre inconfort, son emprise psychologique. Fatigué de lutter, vous lâchez l'idée qui entretient cette douleur. Alors seulement, vous êtes libéré, vous n'avez plus rien à faire. C'est pourquoi la pratique zen ne saurait s'envisager sans ces longues retraites. Devenir petit à petit intime avec sa douleur, voyant parfaitement son caractère vain et illusoire, cela procure une grande libération. « Qui cherche la vérité de l'homme doit s'emparer de sa douleur », écrivait Bernanos dans *La Joie*.

Mais présenter Rohatsu comme une salle d'attente vers l'éveil spirituel serait mentir. Dans le zen, rien ne vous est donné tout de suite, et tout mature en permanence. Alors que la douleur disparaissait pour un temps, elle réapparaissait l'heure suivante. Une douleur attendue, se cumulant au froid, à la fatigue des jours passés, à la faim, au manque de sommeil. J'en arrivais au point où m'asseoir, ne serait-ce qu'une heure, me semblait impossible, et pourtant je devais rester sur mon *zafu* toute la journée, de la nuit du petit matin à la nuit du soir déjà tombé.

Je sentais dans le regard de certains autres novices la même lutte, la même crainte enfouie dans le fond des yeux, comme une constante qui régule tout, qui ordonne le moindre souffle. La neige recouvrait le plancher extérieur du temple et nous devions marcher pieds nus dans l'épaisse poudreuse pour entrer à l'intérieur du Hondo. Je me suis souvent posé la question du sens de cette souffrance durant ces longues séances de *zazen*. Pourquoi endurer tout cela ?

Lorsque je méditais, mes jambes semblaient s'enflammer, je voulais absolument bouger, me dérouiller, sortir de cet état intenable, me lever et arrêter cette grande comédie spirituelle qui me semblait aussi ridicule qu'exagérée, comme une mauvaise blague prise au sérieux. Je savais qu'il me faudrait plusieurs minutes pour décroiser mes jambes totalement engourdies sans m'évanouir. « Mais qu'est-ce que je fous encore là ? »… Enfin, la cloche annonçant la fin de la séance résonnait dans la grande salle, et déjà tout mon mal s'évanouissait. Je n'avais pas encore bougé mes jambes, je ne m'étais pas encore levé pour étirer mon corps usé, ce simple son de cloche, le son libérateur, comme la voix bienfaitrice d'un Bouddha, suffisait à m'apaiser. Tout n'est vraiment qu'esprit.

Durant ces longues heures de *zazen*, la douleur agit comme un maître vous accompagnant dans les tranchées de l'esprit. Un grand corset enserrant votre corps vers le lâcher-prise. La durée même de la méditation, le froid, la fatigue, la faim, tout concourt à vous faire abandonner votre petit manège mental. Le recueillement oblige à capituler, à laisser s'évaporer les pensées. Vous vivez la douleur pour elle-même, vous acceptez votre situation incongrue de méditant bloqué sur son petit coussin rond, vous vivez chaque seconde de votre existence sans présager du reste. Là, simplement assis, à des milliers de kilomètres de la France, je me souvenais des mots de Paul Gadenne glissés dans *Siloé* : « Le bonheur, c'est quand on n'attend plus, quand l'espoir ni l'anxiété n'ont plus de sens, quand il n'y a rien de ce qui pourrait être qui soit supérieur à ce qui est. Et ce bonheur-là contenait plus que le bonheur : car il ne faisait que rentrer dans cette paix qui vient du sentiment d'un accord intime avec le monde. »

Mais avant cette supposée libération, que faire ? Pourquoi je n'arrivais pas à faire *zazen* normalement, comme les autres ? « Juste s'asseoir », disaient-ils tous. Les choses radicalement simples sont-elles irréalisables ? Il est vrai que l'esprit n'aime pas le vide. À côté de moi, un moine, le dos droit, bien dans sa posture, en train de dormir. Vraiment ? Il dort vraiment ? Peut-être prenais-je le *zazen* un peu trop au sérieux, finalement.

Uchiyama Roshi disait des *sesshin* qu'elles étaient le meilleur moyen de détruire « le jeu de l'ego ». Lorsque l'on médite autant, tout un cinéma mental apparaît avec la douleur physique. Vous pensez au temps qu'il vous reste à passer sur votre coussin. Encore deux jours, encore dix heures, bientôt le repas, l'heure de dormir... Les idées s'accumulent et tourbillonnent pour vous faire oublier que le sang n'irrigue plus vos pieds depuis déjà longtemps, vous pensez à tout pour fuir le moment présent, le menu du lendemain, la liste des choses à faire dans les rizières... Vous récitez mentalement des soutras, vous suivez volontairement vos pensées pour oublier votre état actuel, tout est bon pour s'échapper du monde, pour ne pas vivre cet insupportable « ici et maintenant ».

D'une manière ou d'une autre, Rohatsu vous informe sur vous-même. Vous voyez votre folie intérieure, vos agitations, votre incapacité à garder l'esprit dans son calme originel. Tout cela était déjà là, mais durant la méditation vous le voyez clairement. L'esprit aussi est impermanent. Trop de fois durant *zazen*, j'en ai voulu à d'autres que moi. Si je n'arrivais pas à bien méditer, c'était parce qu'il faisait trop froid, parce que le temple était trop éclairé ou trop sombre, parce que le chef cuisinait trop gras, parce que mon maître m'avait mal conseillé sur la posture, parce que le bruit des oiseaux empêchait la bonne concentration. Parce que. Toujours des histoires, toujours des excuses. Pratiquer durant une longue période vous ramène immanquablement à vous, à vos insuffisances, à votre petit ego minable et ridicule. Au début, vous ne voulez pas le voir. Puis, avec le temps, vous êtes obligé de tout accepter. Votre pratique n'est pas comparable à celle d'un autre. Vous ne faites pas *zazen* pour quelqu'un, pour la gloire du temple ou pour plaire à votre supérieur hiérarchique. Votre *zazen*, c'est votre vie dans son ensemble, et il est de toute façon impossible de percer les sentiments ou les pensées du moine aux fesses vissées sur le coussin à côté de vous. À la fin de Rohatsu, personne ne se souciera de votre état spirituel.

Évidemment, un temple est un endroit rêvé pour pratiquer le zen. Tout y est prévu pour vivre le bouddhisme intensément, et la discipline empêche le relâchement qui viendrait s'installer inévitablement si nous étions livrés à nous-mêmes. Plus tard, répétant les *sesshin*, j'ai appris à ne plus considérer mes pensées ou mes doutes comme des obstacles à la pratique. Ils étaient les marches de mon cheminement. Plus que cela, les empêchements sont des arguments supplémentaires pour approfondir le *zazen*, comme un signal de l'esprit qui appelle à se concentrer plus attentivement encore sur l'essentiel. Ne pas se justifier par des causes extérieures, mais revenir vers soi, encore et encore. Une sorte de confession, de repentance en mouvement. Dans le zen, nous appelons cela « faire *sange* »: voir sa vraie nature grâce au *zazen*, faire pénitence face au Bouddha, revenir vers la constance, l'effort et la gratitude.

Lorsque ma première expérience de Rohatsu se termina, après une dernière journée de *zazen* de dix-huit heures, nous nous sommes retrouvés pour partager un repas dans le *hiroma*, un *oden*, sorte de gros pot-au-feu japonais où les ingrédients mijotent longuement dans un bouillon fait à base d'algues *kombu*, de bonite séchée et de sauce soja. Un repas pour réchauffer les cœurs, le meilleur mijoté de ma vie, le mijoté de la délivrance. Puis vint le bain, après plus d'une semaine à porter les mêmes vêtements, dans la sueur et la fatigue. Nous avons passé plus d'une heure dans l'eau chaude qui tourna rapidement au noir, outrepassant l'interdiction habituelle de garder le silence durant la toilette. Que c'est agréable, de parler ! Une fois le crâne et la barbe rasés, nous sommes allés nous coucher. Le sommeil suivant une *sesshin* est incroyable. Le lendemain, la routine habituelle du temple reprit, comme si ces huit longs jours de méditation n'avaient été qu'une brève parenthèse.

2

Le disciple doit créer le maître

弟子は正師を作らないといけない

Que veut donc dire « trouver un maître »? Un maître zen, est-ce une sorte de saint ayant surpassé sa condition d'homme, ou bien un simple enseignant ayant passé trop de temps dans un temple pour pouvoir en sortir? Est-ce un bouddha vivant, ou un simple gestionnaire administratif avec une petite barbichette aux airs taoïstes?

Ces questions ont longtemps tourné dans ma tête comme une mélodie revient vous hanter dans les moments d'ennui. À mon entrée au temple, j'ai stoppé toute dispersion de l'esprit, arrêté les tirades inutiles, résolu à prendre uniquement ce que la pratique allait me donner. J'étais là, dans un temple que la vie avait choisi pour moi, et cela suffisait pour l'instant.

Je me suis donc retrouvé à Antai-ji, le « temple de la paix », enfoncé dans cet inaccessible lieu que les Japonais appellent « le fond des montagnes ». Dans la plupart des traités zen, il est recommandé à celui voulant entrer dans la Voie des bouddhas de trouver un maître authentique et un temple où pratiquer. Auparavant, les moines allaient à pied de lieux en lieux, traversant montagnes et forêts durant des mois, pour trouver un enseignant capable de leur indiquer la vérité du bouddhisme. Désormais, les informations circulent et il est bien plus simple d'orienter son choix vers un temple ou un autre.

Dans le paysage japonais contemporain, Antai-ji est un lieu à la fois moderne et traditionnel, proposant une approche iconoclaste du zen, à rebours des grandes institutions cléricales officielles. Fondé en 1923 dans le nord de Kyoto par le moine Oka Sōtan, intellectuel dévouant sa vie au *zazen* et à l'étude suivie des grands textes de la tradition, particulièrement du *Shōbōgenzō*, ce recueil immense de Dōgen Zenji, le temple est d'abord un centre d'études rassemblant les moines lettrés, et n'entre réellement dans l'histoire du zen moderne que grâce à un moine hors norme sur tous les plans : Kōdō Sawaki.

Enfance chaotique et misérable au milieu d'un monde mêlant prostitution et mafia locale, moine novice dès ses 16 ans, fantassin durant la guerre russo-japonaise, Sawaki a ce profil des grands moines qui sortent des chemins balisés. L'anti-héros du zen. La peau tannée par la vie et le sourire malicieux d'un grand-père rieur, il devient abbé du temple en 1949. Considérant le zen japonais comme totalement dégénéré et uniquement versé dans les cérémonies paroissiales, il rassemble autour de lui une bande de moines excentriques et dévoués, tous désintéressés par les honneurs et les récompenses, ne cherchant qu'à pratiquer la Voie du Bouddha pour elle-même. Sawaki propose alors une vie centrée sur un recueillement « sans but ni profit », *zazen,* pratique alors marginalisée dans les temples japonais de l'immédiate après-guerre. Avec Uchiyama, son plus proche disciple qui lui succédera, Sawaki donne à Antai-ji la réputation d'un temple rempli de moines pauvres ne faisant que méditer, vivant de la mendicité. Tout en voyageant dans l'archipel pour répandre son approche du bouddhisme, le maître organise des semaines intensives de *zazen* à Kyoto, où il s'installe définitivement en 1962 jusqu'à sa mort, trois ans plus tard.

À la place du service funéraire classique dédié aux abbés de temples, Uchiyama décide de méditer quarante-neuf jours sans interruption pour rendre hommage à son maître. De cette longue *sesshin* inaugurale découle l'approche actuelle d'Antai-ji : revenir en permanence à la pratique du recueillement, vivre du zen, par le zen. Juste l'assise, simple et sans visée. La vacance totale de l'esprit et du cœur.

Uchiyama avait une composition fragile, et passa sa vie à côtoyer la maladie. Ses disciples m'ont raconté qu'il adorait dormir, faire la grasse matinée ou la sieste était son plus grand plaisir. Il vécut dans la pauvreté, se maria plusieurs fois, et traversa l'existence avec douceur et intelligence. Il fut d'abord connu pour un best-seller écrit sur les origamis japonais, véritable passion qu'il continua toute sa vie, avant d'être reconnu pour ses ouvrages touchant au bouddhisme, toujours rédigés dans un style direct, brut et modeste. Être un extrémiste de la simplicité facilite la pratique.

Maître Uchiyama a résumé son approche du zen en sept points, qui ont guidé ma pratique personnelle au temple et qui orientent encore aujourd'hui ma vie :

1. Étudier et pratiquer le Dharma uniquement pour le Dharma, et non pour les émotions humaines ou les idées mondaines.
2. *Zazen* est votre seul véritable maître.
3. *Zazen* doit agir concrètement dans votre vie quotidienne : ce sont les deux pratiques (le vœu et la repentance), les trois esprits (esprit magnanime, esprit parental, esprit joyeux) et la réalisation de l'adage « gagner est illusion, perdre est s'éveiller ».
4. Vivre par vœu et l'enraciner profondément.
5. S'efforcer de pratiquer et d'évoluer, sachant que le développement et la régression sont de notre seule responsabilité.
6. S'asseoir en silence pendant dix ans, puis pendant dix ans, et encore pendant dix ans.
7. Coopérer avec les autres et créer un lieu où chaque pratiquant sincère peut pratiquer sans troubles.

Ces conseils pour la pratique m'ont énormément servi. J'ai souvent pensé n'arriver à rien, être incapable de continuer, me sentant comme bloqué dans mon *zazen*, ne trouvant plus aucun sens à ma présence au temple. « Encore une *sesshin*, rien de bien différent de la dernière », ai-je souvent ruminé. La lassitude, l'ennui, l'idée qu'aucun changement n'opérait en moi malgré mes efforts dans la pratique, tout cela m'accompagnait en permanence. Peut-être voulais-je encore gagner quelque chose ou devenir quelqu'un, bénéficier d'un crédit que la pratique aurait pu m'octroyer. « Étudier le Dharma uniquement pour le Dharma », ou s'effacer devant les attentes inconscientes que l'on projette sur soi. S'asseoir dix ans, puis dix ans, puis dix ans encore, ou ne jamais lâcher la pratique, s'enraciner en elle, toujours persévérer sur le chemin de la foi.

Nous sommes alors dans les années 60 et 70, au milieu de la contre-culture hippie, et la popularité grandissante d'Antai-ji permet à certains pratiquants occidentaux, notamment américains, de venir pratiquer le zen au Japon. C'est la grande époque du zen version Woodstock. Le temple s'ouvre à l'international, là où un grand nombre d'institutions bouddhiques japonaises refusent la candidature d'étrangers. L'urbanisation d'après-guerre gagne les quartiers nord de Kyoto, et l'agitation associée au tourisme spirituel naissant empêche rapidement le recueillement des moines.

En 1975, le successeur d'Uchiyama, Kōhō Watanabe, reprend le temple. C'est un moine bourru et rustre, peu porté sur les livres et la théorie, particulièrement soucieux de maintenir en vie une pratique ancestrale du bouddhisme. Pour ce faire, il décide de déménager Antai-ji loin de la frénésie kyotoïte, et installe le temple dans ce coin de pays oublié qui borde la mer du Japon, au nord de la préfecture de Hyogo, une province peuplée d'ours et d'esprits, où la lumière chargée d'humidité couvre les montagnes d'or, de cuivre, de roux et de vermillon, comme un dernier seuil bordant le monde des vivants.

Watanabe souhaite alors créer une communauté enracinée dans les anciennes traditions du zen chinois : un petit temple situé à la campagne, difficile d'accès, fonctionnant sur un modèle d'auto-suffisance alimentaire. Revenir aux choses simples, se contenter du nécessaire, ne dépendre de rien ni personne, installer le temple dans un lieu difficile d'accès était également un moyen de rompre avec une culture hippie ne convenant pas à la rigueur et à l'engagement nécessaires à la vie monastique.

Sur un terrain montagneux et boisé d'une cinquantaine d'hectares, les moines se consacrent dès les premières années à la construction de nouveaux bâtiments et à la préparation des champs. Des rizières sont créées, le bois est coupé et stocké pour les prochaines années, le mode de vie actuel du temple se met en place, tout en veillant à ne pas perdre l'esprit transmis par Sawaki et Uchiyama.

Après une dizaine d'années de dur labeur, Watanabe décide de partir en Italie afin de diffuser le zen et laisse son disciple le plus fiable, Miyaura Shinyu, prendre la direction du temple. Ce dernier découvre alors que les caisses sont vides. Watanabe poussait le détachement vis-à-vis de l'argent si loin qu'il avait à dessein dépensé toutes les économies du temple en divers outils agricoles, bâtiments annexes, barrage et travaux de canalisation permettant de relier l'eau de la montagne au temple, etc. En dépit de la vente des bâtiments à Kyoto pour une somme modique, Miyaura s'est donc retrouvé à gérer une communauté religieuse sans revenus.

Paradoxalement, Miyaura interdit à ses disciples de pratiquer la mendicité. « Pour vivre, un moine doit savoir se débrouiller, comme tout le monde. » Les novices ont donc commencé à vendre les légumes du temple, les excédents de riz, du charbon de bois et autres productions locales. Les plus radicaux qui avaient décidé de pratiquer à Antai-ji pour rompre avec le grand jeu de la société marchande se mirent à jouer les commerçants pour payer les factures. À la consultation des archives, beaucoup semblent avoir abandonné la pratique durant cette période.

Au cœur de l'hiver 2002, un disciple retrouve le corps de l'abbé inerte, dans la neige, écrasé par le bulldozer qu'il conduisait sur la route menant au temple. Transféré à l'hôpital, il décéda rapidement. Pour avoir écouté les récits des anciens moines, il semble que Miyaura était entré depuis plusieurs mois en dépression, consommant beaucoup d'alcool seul, comme usé par le devoir de gérer un temple si isolé.

Avant d'être un lieu spirituel, un temple est d'abord le produit de l'histoire. Si Antai-ji propose un style de pratique quelque peu rustique et par certains aspects médiéval, les pratiquants zen du XXe siècle, pour beaucoup confrontés à la guerre ou élevés dans la pauvreté de l'immédiate après-guerre, ne sont pas les moines d'aujourd'hui qui, le plus souvent, ont appris l'existence d'Antai-ji par Internet.

Particulièrement en matière religieuse, il est bon de se méfier des apparences. Lors des discussions informelles autour du thé, au moment de se croiser dans les couloirs, au cours d'une brève pause lors de la coupe du bois, des jalousies naissent, des frustrations s'expriment, des affinités contrariées entre disciples et maîtres se dévoilent. Que pensent réellement les moines avant d'aller dormir ? Sont-ils si « détachés » qu'ils nous le laissent croire sur la page internet de l'école zen Sōtō ou sur la chaîne YouTube d'un énième maître connecté ?

La vie d'un temple commence par ce tissage intime de relations entre des pratiquants qui ne se sont pas choisis. Certains aiment l'alcool, d'autres ont des problèmes avec le sexe. Un moine n'est au fond qu'un homme ordinaire au cœur un peu flottant, venant travailler sur sa médiocrité ordinaire, ses faiblesses, les mêmes vices secrets qui traversent le cœur de chaque homme. La plupart ne sont peut-être pas très doués pour les relations humaines, ou ne savent pas bien précisément quoi faire de leur vie. Dans la vie monastique, vous ne rentrez pas chez vous après le travail, vous ne partez pas en vacances pour vous échapper, passant d'un espace social à un autre pour équilibrer vos moments d'activité et de repos. Votre vie, c'est le temple tout entier et, avant d'y être pour faire quelque chose, vous y vivez, à la manière d'un marin coincé sur un bateau au milieu d'une mer d'huile. Une bande d'idiots radicalisés et tous obligés de se supporter. Rien ne pouvait mieux m'aller.

En 2002, la mort soudaine de Miyaura a poussé les moines à trouver un abbé rapidement. Chose rare au Japon, un disciple étranger fut désigné, les autres moines japonais ayant tous refusé la tâche jugée ingrate.

Muhō Noelke est un moine allemand immense aux yeux bleus et aux manières directes, comme un cliché de l'Occidental vu par les Japonais. Après une quête spirituelle en partie liée au décès prématuré de sa mère, Muhō arrive à Kyoto dans le début des années 1990. Il entame une année intense dans le temple zen Rinzai du Tofukuji, puis pratique dans un petit temple de la ville d'Obama avant de fixer définitivement sa vie dans la tradition d'Antai-ji. Ayant terminé sa formation au temple, il devient sans-abri dans le parc jouxtant le château d'Osaka. Il vit alors sous une bâche de plastique, pratique le *zazen* à l'air libre, lit des livres, sans temples et sans contraintes, à l'image de ces anciens maîtres qui prenaient la route comme maître et la pauvreté comme disciple. Comme un rappel à ses engagements passés, il accepte finalement de devenir le maître du temple à la suite du décès de son maître.

Lorsque je suis arrivé à Antai-ji, c'est avec Muhō que je me suis entretenu en premier. Comme pour justifier de ma motivation à intégrer le temple. Il venait d'annoncer sa retraite et avait désigné publiquement la prochaine abbesse, sa disciple la plus proche, Ekō Nakamura. Depuis plusieurs années déjà, il ne vivait plus en permanence au temple, laissant à sa successeuse toute latitude pour se familiariser avec sa nouvelle charge. Continuant d'être proche de la communauté, il se rendait au temple lors d'événements particuliers ou de cérémonies, résidant le reste du temps à Osaka avec sa femme et ses trois enfants.

Muhō a profondément influencé la vie du temple. Européen et maîtrisant parfaitement le japonais, il permit à nombre d'Occidentaux de découvrir un zen « sur place », au Japon, dans sa culture d'origine. Un pont entre l'Orient et l'Occident. Intellectuel, distant et mélancolique, à la fois très drôle et attendrissant, ce moine au parcours atypique a publié de nombreux livres sur le bouddhisme, en japonais et en allemand. Grâce à son charisme, de nombreux documentaires de la NHK, la télévision nationale japonaise, ont été tournés sur Antai-ji. Lors de son arrivée au temple, il rédigea un message destiné à tous les novices entrant dans la pratique du zen. Je me souviens encore de ces mots accrochés dans le *hiroma* sur un papier jauni par le temps, comme un avertissement résonnant avec mon appel spirituel encore immature :

« Antai-ji est un temple voué à la pratique du Zen en tant qu'expression naturelle de la vie. Zazen et le travail ne sont pas seulement pratiqués comme une partie séparée de la vie. Au contraire, ce sont toutes les vingt-quatre heures de la vie quotidienne elles-mêmes qui doivent être la manifestation du Zen. Antai-ji n'a aucune autre pratique particulière, ni enseignements, ni techniques de méditation, ni direction spirituelle, ni vision intérieure à vous offrir. Ce n'est pas non plus un endroit pour venir toucher les mystères de l'Orient, pour avoir des expériences occultes, ou tout simplement pour goûter à la culture japonaise. C'est un endroit où vous pourrez faire de votre propre vie la pratique du bodhisattva. Quoiqu'on attende de vous de vivre en harmonie à Antai-ji avec les autres pratiquants, vous serez plutôt laissé à vous-même dans le cadre de votre pratique. Il n'y aura personne pour vous surveiller ou vous pousser de l'avant. Il n'y aura personne pour vivre votre vie à votre place. Il vous faudra donc être très clair avec vous-même sur les fondements de votre pratique et les motifs qui vous y amènent. Si vous attendez de votre séjour quoi que ce soit d'autre que ce que la vie a, à ce moment précis, à vous offrir, vous serez immanquablement déçu. Assurez-vous de savoir pourquoi vous voulez venir ici – ne vous abusez pas vous-même ni les autres. »

Ces simples phrases résument pour moi la pratique. Lisant cela, je me souviens avoir eu la sensation d'avoir enfin trouvé un lieu authentique, soucieux de se préserver du bavardage spirituel habituel. Plus que du « zen », mot galvaudé et souvent porté en étendard par les pratiquants eux-mêmes, il était d'abord question du bouddhisme dans sa profondeur et son ensemble. La Voie des bouddhas et des patriarches, rien de plus.

En 2020, Ekō Nakamura est nommée officiellement à la tête du temple. Elle est encore aujourd'hui l'une des rares femmes à diriger un établissement religieux au Japon. Après avoir été sage-femme, profondément traversée par des questions existentielles, elle quitte son travail pour entreprendre le pèlerinage des quatre-vingt-huit temples de Shikoku, sorte de chemin de Saint-Jacques-de-Compostelle du Japon. Le voyage confirme son appel pour la nature et la spiritualité. Elle arpente ensuite le Japon durant plusieurs mois, cherchant un lieu alliant spiritualité et agriculture biologique, avant de tomber sur Antai-ji, au cœur de l'année 2010.

J'ai toujours entendu dire d'Ekō qu'elle était *tsuyoi*, « forte ». Petite femme aux épaules rentrées et à l'allure vive, le regard toujours fixé quelque part, elle représente pour moi l'inverse absolu de Muhō : formée au célèbre couvent de Nagoya, conservatrice et intransigeante, très attachée à l'étiquette du temple, fortement impliquée dans le travail des champs et les tâches en cuisine. La discipline s'est clairement resserrée au moment de sa prise de fonction officielle. Parlant mal anglais, son arrivée a également correspondu à une disparition progressive des pratiquants étrangers drainés par son ancien maître. Lorsque je suis arrivé à Antai-ji, il y avait un jeune Allemand et un Russe déjà sur place, les derniers disciples de Muhō ayant décidé de rester au temple. À mon départ, il n'y avait plus que des Japonais.

Il pourra paraître étonnant de voir une femme diriger un temple dans un pays conservateur comme le Japon. Sur le plan doctrinal, le bouddhisme ne sépare pas l'éveil des pratiquants hommes et femmes. Il existe cependant au Japon une discrimination institutionnelle au sein des temples, et il serait faux d'affirmer qu'une femme voulant devenir maître zen a les mêmes possibilités qu'un homme.

Très souvent, les nonnes présentes dans les temples de formation sont filles uniques, seules héritières non mariées d'un temple familial. S'il a le choix, un père choisira le plus souvent son fils pour lui succéder, ce phénomène général englobant autant les temples que la transmission des brasseries de saké ou des entreprises de tofu. Il faudrait nuancer en disant que le plus grand maître zen contemporain vivant est aujourd'hui une femme, Aoyama Shundō, et la nonne et romancière Jakuchō Setouchi, récemment disparue à l'âge de 99 ans, reste profondément respectée dans tout l'archipel.

Personnellement, je n'ai rien à dire sur ce sujet qui ne relève en rien de l'orthodoxie du bouddhisme.

Que mon maître soit un homme, une femme ou un extraterrestre venu de la planète Oxo ne m'intéresse pas, seuls l'effort et la dévotion dans la pratique me préoccupent.

Lors de mes deux années de noviciat, j'ai rencontré plusieurs femmes s'étant présentées au temple pour devenir novices. Aucune n'est restée plus d'une semaine. La discipline, les relations extrêmement hiérarchiques et l'effort physique nécessaire pour les travaux agricoles ont souvent eu raison des postulantes. À cela s'ajoutent le froid des montagnes, l'inconfort, le manque d'hygiène et de sommeil. Dans les faits donc, si le temple est mixte et ouvert à tous, la quasi-totalité des postulants sont des hommes entre 20 et 40 ans, et les rares femmes à commencer la pratique à Antai-ji l'abandonnent ou se tournent vers un temple moins engageant. L'abbesse actuelle est la seule femme de l'histoire du temple à avoir pratiqué sur une si longue période.

Sawaki, Uchiyama, Muhō, Ekō… Comment trouver « son » maître, celui qu'il vous faut? J'avais tellement lu de propos sur les « maîtres zen », de choses vaporeuses frôlant l'extraordinaire, je m'attendais à rencontrer un être d'exception. Dans mon imaginaire flamboyant, le maître zen devait avoir l'allure d'un vieux sage barbu un peu fou, ayant percé tous les mystères, prenant sous son aile les disciples les plus dévoués pour leur confier le grand secret initiatique de la vie.

Entre écouter ou lire les propos d'un maître zen et vivre avec lui, quoi de plus différent ? Comment serait Dōgen aujourd'hui ? Peut-être aurait-il abandonné toute perspective de détachement de l'ego le jour de sa découverte des chips au goût « comté vingt-quatre mois » ? Peut-être serait-il diligent en public, mais irrespectueux ou paresseux une fois seul dans sa chambre ? Vivre avec un maître dans le plus intense des quotidiens, enjoignant sa respiration durant *zazen*, absorbant ses mots durant l'enseignement, voyant sa manière d'être lors des moments de relâche, cela vous protège de l'idéalisation. Dans le zen, si un grand respect existe entre les disciples et les anciens, toute relation paternaliste entre le novice et le maître est systématiquement rompue.

Lors d'une grande cérémonie organisée au temple, je me souviens avoir rencontré Honda Tekifu Roshi, le dernier disciple vivant de Sawaki, aujourd'hui à la tête d'un grand temple situé sur l'île de Kyushu. À son arrivée, nous nous étions tous réunis pour l'accueillir, les mains jointes, les genoux à terre. Trois personnes l'accompagnèrent jusqu'à une salle privée où un thé chaud et un futon avaient été préparés, Ekō lui tenait le bras pour soutenir sa marche. Mal à l'aise devant tant d'égards, refusant toutes ces manières inutiles, le vieillard déposa sa canne dans le couloir et demanda à visiter la cuisine. Là, il goûta en gloussant de plaisir l'ensemble des préparations qui seraient servies le soir même, piochant dans les assiettes déjà bien alignées sur le comptoir de bois comme un enfant espiègle.

La nuit suivante, alors que tout le monde dormait profondément, le maître se leva seul et alla couper du bois durant plusieurs heures, simplement pour se dégourdir les bras. « Un peu d'exercice est important à mon âge », répétait-il le regard farceur, dans son accent des îles du Sud à moitié compréhensible. En lui, tout le monde voyait le visage d'un Bouddha vivant, de celui qui en avait fini de lutter avec la vie. Cet original, facétieux, la curiosité accrochée au fond du cœur, avait en horreur les dorures, les vestons brodés, les discours interminables sur les mystères impénétrables de l'impermanence ou les promesses d'un salut à venir. Son enseignement était tout simplement sa vie.

En 2022, un film révéla au grand public divers scandales traversant les communautés tibétaines installées en Europe. Viols, pressions psychologiques, détournement d'argent furent exercés par des maîtres ou lamas tibétains jouissant d'une autorité visiblement sans limites auprès de fidèles vulnérables.

Derrière ces faits absolument condamnables, la réception médiatique de « l'affaire » fut très intéressante à observer. En tant que moine zen pratiquant au Japon, je n'ai évidemment rien à dire sur les traditions tibétaines en France dont j'ignore tout. Dans les courants majoritaires au Japon, le dalaï-lama ne représente absolument rien, si ce n'est un visage rigolo collé sur un calendrier avec une citation écrite en jaune fluo incitant à être gentil avec son chat. Les chanteurs de musique pop ont bien plus d'influence auprès des Japonais, et les lamas et autres maîtres tibétains n'ont pour un pratiquant zen aucune légitimité particulière.

Une chronique de France Inter titrait pourtant sur le sujet « Bouddhisme : scandales sexuels sous silence », faisant fi de la diversité des courants qui traversent cette immense religion. Pareillement, nous pouvions lire ici et là une détérioration de « l'image zen du bouddhisme »...

Il y aurait beaucoup à dire sur ce sujet de la réception française du bouddhisme. L'idéalisation exagérée de maîtres dont la légitimité est souvent toute relative, voire fabriquée de toutes pièces, l'importance pour certains pratiquants d'appartenir à une « lignée », d'être disciple ou de recevoir une transmission authentique, les systèmes de tarifications des *sesshin* qui transforment petit à petit les moines en marchands de stages de méditation, la surexposition médiatique des mêmes personnalités ne permettant en rien de présenter la diversité des courants du bouddhisme, etc. Le romantisme porté sur l'Orient – qui plus est au Japon ou au Tibet – n'est visiblement pas mort et, malheureusement, semble être parfois relayé par les moines occidentaux eux-mêmes, ajoutant de la confusion à ce qui n'était déjà pas simple à approcher.

J'ai toujours été étonné de voir le bouddhisme idéalisé par une frange importante de la population française, là où le continent asiatique d'où nous vient ce même bouddhisme demeure très conservateur sur nombre de sujets. Ajouté à cela, la France est un pays où évoquer sérieusement les questions religieuses est un exercice particulièrement sensible, et il suffit de traverser la Manche pour noter une différence culturelle importante sur ce point.

Le bouddhisme, exigeant une éthique universelle du pratiquant, ne choisit pas un camp contre l'autre et se situe en dehors des attitudes militantes ou des postures politiciennes. Cela étant dit, un bouddhiste moyen asiatique restera en comparaison d'un Européen de l'Ouest ou d'un Nord-Américain bien plus attaché à une société stable et enracinée. De la même manière, la pratique du christianisme au Brésil, en Corée ou en Éthiopie diffère énormément, et un musulman canadien ne vit pas dans le même univers qu'un musulman pratiquant en Indonésie ou au Qatar. Il existe évidemment des exceptions que les médias français se feront un plaisir de relayer, mais le Japon reste encore aujourd'hui marqué par cette approche dure, martiale et abrupte de la question religieuse qui pourra étonner un public ignorant.

En tout cela, la pédagogie attachée au zen sur l'archipel est donc très différente de celle des lieux de pratique présents en Occident. Lors d'un entretien réalisé avec Arnold Joseph Toynbee, un journaliste demanda quel était selon ce grand historien des civilisations comparées « le fait civilisationnel le plus important du XXe siècle ». Alors qu'il aurait été attendu de faire de longs développements sur le nazisme, le communisme, Hiroshima ou le génocide juif, l'historien réussit à surprendre son public : selon lui, il s'agissait de la pénétration du bouddhisme sur le sol occidental.

Le bouddhisme est une religion lointaine culturellement, et son installation durable sur un sol étranger à la mentalité asiatique était, selon Toynbee, un fait bien plus profond et signifiant à l'échelle des civilisations. Si cette réflexion peut être discutée, il est je crois important de garder à l'esprit qu'il existe entre l'Orient et l'Occident certaines différences culturelles irréductibles.

Personnellement, je suis très content d'avoir fait mon noviciat dans un pays où le bouddhisme n'est pas considéré comme une nouvelle religion. Si le zen n'est pas une voie qui aime la difficulté pour elle-même, il me serait impossible de décrire cette pratique comme simpliste et facile d'accès, et pratiquer au Japon m'a appris un certain « sens de l'engagement » dont je suis très redevable, participant à briser l'arrogance dont je pouvais être le jouet en entrant au temple. Le plus important, je crois, est de trouver l'approche qui convient à chacun au moment où cela lui est nécessaire.

Face à tous ces scandales sexuels et financiers qui peuvent pénétrer le bouddhisme comme toute institution sociale, de l'Éducation nationale à la sphère familiale en passant par le travail, il est important pour le pratiquant de revenir avec discernement vers ce qui définit le maître zen. Dans notre tradition, nous aimons multiplier les figures faisant du sage un imbécile, un bon à rien, un moine tout à fait ordinaire dont la sainteté se trouverait dans les actes quotidiens, dans le ménage des toilettes ou l'arrachage des mauvaises herbes.

Lors de sa formation au temple Rinzaï Toshoji et Kannonji, la nonne irlandaise Maura O'Halloran écrivait dans son journal ces mots qui m'ont profondément marqué : « Je me rends compte maintenant comme c'est facile de se faire avoir dans les choses spirituelles. Les gens veulent croire que certaines personnes ont atteint de grandes profondeurs, et se sentir associés à l'extraordinaire. » Rompre ce monopole de l'extraordinaire pour en faire une chose du commun, voilà un des aspects importants de l'enseignement.

Le maître est donc d'abord ce que nous voyons en lui, ce que nous prenons de lui. Il n'a rien à nous donner ou à promettre, il n'est que l'appui d'un moment, comme un relais forçant à voir clair en soi-même. Ni gourou, ni papa, ni figure de dévotion, il n'a *a priori* rien à vous apporter.

Un maître n'est qu'un moine d'expérience s'efforçant de cheminer avec les pratiquants, comme pourrait l'être un guide de haute montagne accompagnant des clients hésitants ou pétris de zèle. L'esprit aussi est rempli de crevasses. « Un guide ne doit pas faire parvenir ses clients au sommet, mais les faire revenir au refuge sans encombres », m'avait un jour dit un vieux professionnel rencontré dans un bar de Chamonix. Dans le bouddhisme aussi, nous parlons de cette « prise de refuge » lors de l'ordination, ces trois refuges que représentent le Bouddha, son enseignement et sa communauté, ces trois piliers de la foi vers lesquels se tourner lors de notre voyage vers les sommets intérieurs.

C'est pour se garder du danger d'un attachement possible à l'enseignant qu'Uchiyama présentait le *zazen* comme « le seul véritable maître », l'enseignant ultime ramenant vers le trésor oublié de l'instant présent, l'horizon indépassable vers lequel nous évoluons. Revenir, toujours et encore, sur le coussin. Trouver un maître conduit à trouver *son* maître, son véritable soi. Le maître n'est qu'un reflet altéré vous renvoyant vers vous-même et, avant tout, nous restons des disciples de la vie. Nous sommes responsables de notre conduite et garants de la Voie, comme nous sommes responsables de ce que nous retenons et oublions d'un enseignement visant à effacer toutes les dépendances. En cela je suis persuadé que c'est d'abord au disciple de créer le maître, non l'inverse.

3

La bouche d'un moine est comme un four

比丘の口は、竈の如し

Ma main est couverte de sang. Je plonge un bras au fond du corps chaud de l'animal. Je tâtonne, longe l'os, j'arrive au dernier morceau de chair qui retient le filet, je coupe. Puis, les boyaux. Surtout, prendre garde de ne rien percer. Je récupère le cœur et le foie. Les *karasu*, ces gros corbeaux attirés par l'odeur du sang, m'entourent dans une danse macabre. Déjà, les mouches couvrent la bête. Je lave une dernière fois le chevreuil, Hiraï s'empresse de récupérer les morceaux découpés et les apporte en cuisine. Une fois la carcasse démembrée, je la dépose dans un large seau en acier, puis jette le tout dans une cuve souterraine située à l'arrière du temple, en face du Hondo, où d'autres carcasses fermentent lentement. Là, les os et les poils se transforment en un épais liquide que nous utiliserons l'an prochain comme engrais pour le potager. Il ne faudra pas plus de deux jours pour que le restant de l'animal soit englouti par des milliers de vers.

Quand je suis entré dans la pratique zen, convaincu par la lecture des textes classiques et notamment du *Soutra du filet de Brahma*, je suis devenu végétarien. Par compassion, j'ai voulu à ma modeste mesure préserver la vie, essayant dans une logique du moindre mal d'éviter la souffrance des êtres. Puis, j'ai intégré un petit temple zen, et me voilà à dépecer des gibiers, sélectionnant les meilleurs morceaux pour le prochain repas, fumant la viande de chevreuil ou de sanglier dans la paille de riz. Que s'est-il passé ? La vie semble avoir une ironie sans limites.

Le jour suivant mon arrivée au temple, j'ai été affecté aux cuisines. Comme une manière pour tester ma résistance : « Si vous ne pouvez pas assurer correctement la fonction de *tenzo*, le cuisinier zen, il sera difficile pour vous de continuer la pratique dans ce temple. » L'apprentissage de la cuisine fait partie intégrante du parcours de novice, et après plusieurs semaines à assister le *tenzo* référent vous devez être capable de prendre la responsabilité de la cuisine du temple seul, sur plusieurs jours d'affilée. Tous les moines, sans exception, doivent savoir cuisiner.

En dehors des périodes de formation des nouveaux arrivants, l'organisation des cuisines ne varie jamais : tous les cinq jours, un moine différent devient *tenzo*. Sans jamais être assisté, il doit établir un menu de trois repas par jour et assurer le service pour tous les moines. À cela s'ajoutent la préparation du bain, la gestion des appels téléphoniques, la distribution du courrier, l'accueil des visiteurs. Le *tenzo* est une sorte de mère au foyer capable de tout faire, veillant sur la communauté comme sur ses propres enfants.

De manière plus concrète, la vie d'un cuisinier dans un temple est éprouvante. Vous devez vous lever plus tôt que tous les moines pour préparer le petit-déjeuner, servi à la fin de la méditation du matin, à 6 heures. Tout doit être prêt lorsque la dernière récitation des soutras dans le Hondo prend fin, un retard de quelques secondes n'étant pas toléré. Le *tenzo* mange avec les moines, en bout de table. Il est toujours le dernier à être servi, et doit durant le repas veiller à ce que rien ne manque. Le service est sa pratique. Une fois le petit-déjeuner avalé, il faut préparer le repas du midi et celui du soir, puis terminer la journée par un nettoyage complet de la cuisine, tâche s'étirant souvent dans la nuit.

Le repas du matin, durant environ quarante-cinq minutes, est pris en position *seiza*, les jambes pliées sous les cuisses, les fesses posées sur les talons. Il est toujours constitué d'un bol de riz, d'une soupe miso contenant trois ingrédients, et de deux petites assiettes de légumes. Pour ne pas salir les tatamis du *hiroma* après une matinée de travail dans les champs, nous prenons le déjeuner dans le *soto-shokudō*, petite salle attenante à la cuisine où est généralement servi un bol unique à base de riz ou de udon, les pâtes japonaises à base de froment. Le repas du soir, *yakuseki*, littéralement le « repas médicinal », est pris à 17 heures. Il est généralement moins copieux et très similaire dans son déroulement au petit-déjeuner. C'est dans cette forme invariable que le *tenzo* doit composer un menu sur cinq jours, varié et de saison.

Voici des exemples de menus en fonction des différentes saisons :

PRINTEMPS :

Riz Genmai (complet).

Soupe de *seri* (herbes poussant dans les rivières des forêts).

Tempura de *taranome* (beignet frit de plantes comestibles).

Nimono de *takenoko* (mijoté de jeunes pousses de bambou).

ÉTÉ :

Riz blanc.

Soupe miso froide : concombre, tomate cerise, *okura* (gombo).

Aubergines *agedashi* (aubergine frite et couverte de sauce accompagnée d'un radis daikon rapé).

Tsukemono de *nuka* (légumes fermentés dans du son de riz).

Automne :

Riz aux châtaignes et *azuki* (haricots rouges).

Soupe miso : pommes de terre, *nameko* (champignon), carottes.

Satsumaimo nimono (mijoté de patate douce).

Gomae de fanes de navet (feuilles bouillies et mélangées à une sauce à base de sésame).

Hiver :

Gruau de riz aux feuilles de radis.

Soupe miso : pommes de terre, carottes, oignons.

Dengaku de daikon (radis cuit et enrobé d'un miso aromatisé).

Nimono de *kabocha* et *azuki* (mijoté de citrouille et haricots rouges).

Le repas est un rituel, une cérémonie, et se déroule souvent comme suit : chacun se tient à une place dédiée, debout. Au signal du maître de cérémonie, nous nous asseyons sur les tatamis, bien en face du bol emballé dans un large tissu posé sur la longue table basse. Puis, nous joignons nos mains en position *gassho* et nous récitons ensemble la liturgie, notamment le *Gyōhatsunenju*, long texte composé de plusieurs versets associés chacun à une étape du repas : l'ouverture et la mise en place de l'ensemble des bols, le service du riz et de la soupe, l'offrande de nourriture aux esprits affamés, la prosternation face au riz, la première bouchée et la clôture du repas.

Le moment fort de la cérémonie est la récitation des cinq principes qui encadrent le repas, et dont la traduction française communément admise est la suivante :

Premièrement : nous devons réfléchir à la manière dont cette nourriture nous est parvenue. Notre reconnaissance s'adresse à tout ce qui y a contribué.

Deuxièmement : en recevant ce don, nous devons vérifier si nos vertus et notre pratique le méritent vraiment.

Troisièmement : nous devons revenir à la condition normale de l'esprit et être libres de toute convoitise et avidité.

Quatrièmement : nous devons manger cette nourriture pour la santé de notre corps.

Cinquièmement : nous prenons cette nourriture pour nous perfectionner sur la Voie du Bouddha.

Pour tous les esprits affamés, j'offre maintenant cette nourriture. Qu'elle pénètre l'univers tout entier. J'espère la partager avec vous.

Toutes ces louanges détaillant l'esprit adéquat du pratiquant m'ont longtemps été incompréhensibles. Récitées en sino-japonais, il est impossible d'en comprendre le sens sans une étude détaillée du texte. Chacun est libre d'étudier ou non la liturgie, mais personne ne vous expliquera concrètement le sens des paroles. Apprendre se fait d'abord avec le corps, et la seule chose demandée aux novices est de mémoriser cette liturgie par cœur pour la chanter au mieux.

Chaque bol a un nom et un usage précis. Tous sont contenus dans le grand bol du Bouddha, le *zuhatsu*, à la manière d'une poupée russe. Ce premier bol, servant également à collecter les aumônes lors des rituels de mendicité, est considéré comme pur, il ne doit pas être touché par les lèvres et aucune soupe n'y est donc servie. Quatre plus petits bols sont ensuite regroupés ensemble, ainsi qu'une cuillère et des baguettes en bois laqué, un napperon, une grande serviette, un petit chiffon et une spatule de nettoyage, le *setsu*, pour sécher les bols une fois le repas terminé. Cet ensemble est nommé *ōryōki*, « le récipient contenant la juste quantité ». À la fin du repas, il n'y a aucun déchet: absolument tout est ingurgité. L'eau chaude servant à nettoyer les bols est en partie bue, le restant étant collecté et distribué dans le jardin ou l'étang proche du temple, en guise d'offrande.

Dans chaque temple, il existe également des *sahō*, des manières d'être. L'étiquette du lieu. Du bruit provoqué lorsque l'on touche une assiette au degré d'inclinaison de la tête lors de la prosternation face au riz, de la manière de mâcher à la technique pour essuyer son bol, absolument tout est codifié. Un grand soin est porté à la manière de plier les tissus. Mettre et démettre ses bols doit être fait dans la rapidité, le calme et la précision. La pointe des baguettes est toujours dirigée vers la droite en début de repas et à gauche en fin de repas, la première bouchée doit être réservée au riz, il est impératif de se nourrir au même rythme que ses voisins. Cette manière de manger très chorégraphiée venue de la Chine des Tang ressemble à la prestation d'un orchestre où chacun cherche l'harmonie et la délicatesse. Ne pas se concentrer uniquement sur son expérience sensorielle du repas, faire attention à ce monde qui vous entoure et vous accompagne.

Vu de l'extérieur, le repas zen regorge de conventions totalement arbitraires. Pourquoi poser la sauce soja à droite du pot qui contient les graines de sésame, et non l'inverse ? Pourquoi utiliser des baguettes différentes pour le riz et pour les pâtes ? Chercher le sens de tout cela est une pure perte de temps. C'est parce que le repas est codifié que nous pouvons fixer notre attention sur de minuscules détails. Les règles sont des repères, jamais des fins en soi, elles aident à calmer l'esprit, unifiant l'acte banal de manger et le caractère sacré apporté à la nourriture.

Durant mes premiers repas au temple, mon seul objectif était de ne pas gêner les autres moines par mes gestes encore maladroits ou bruyants. J'étais extrêmement stressé, et j'essayais difficilement de mémoriser le nombre incalculable de codes qui régissent les repas. Manger signifiait pour moi « survivre » à la cérémonie. En pratiquant, en observant mes voisins, les gestes des anciens sont devenus les miens. Déplier avec précision sa serviette, se tenir droit et manger son riz correctement, ranger ses baguettes en un seul et bref mouvement, faire attention à ne pas gêner son voisin… Petit à petit, vous faites attention à la manière dont la table est présentée, à votre façon de mâcher, à la texture neutre du riz, à la complexité d'un bouillon que vous pensiez auparavant fade. Une fois appréhendées, toutes ces règles que je jugeais auparavant stressantes m'ont procuré une grande paix intérieure, une harmonie entre le corps et l'environnement. Je ne me suis jamais senti aussi présent à moi-même que lors d'un repas au temple.

« Qu'est-ce que tu fais ? » « Regarde devant toi ! » « Pas comme ça ! » « Imbécile ! » « Surveille le feu ! » Mes premiers jours en cuisine furent en effet très difficiles. Un maladroit comme moi avec des couteaux et un feu à entretenir, il fallait s'attendre à des problèmes. Lors de ma formation, on m'enseigna péniblement à utiliser le *kamado*, le traditionnel four à bois qui nous dispense de l'électricité ou du gaz. L'apprentissage est toujours progressif : d'abord, laver la cuisine et préparer le bain, puis faire un *dashi* – un bouillon réalisé à base d'algue *konbu* et de *shiitake* – nécessaire à la soupe miso. Ensuite, aller dans le potager pour choisir les légumes à utiliser et commencer à composer un menu. Comprendre comment utiliser votre temps sans en gaspiller une seconde. Vivre dans l'urgence, cela ne sonnait pas très « zen ». Avant même de penser percer les mystères philosophiques de la fameuse cuisine bouddhique, il faut apprendre à bien laver les casseroles, en temps et en heure, sans en dire plus.

Le plus compliqué pour moi fut de comprendre les équilibres de goût. Il est très difficile pour un non-Japonais de savoir quelle est la saveur parfaite d'un bouillon, d'une sauce, d'un condiment au miso. Quelle cuisson adopter pour quel usage ?

Aji wo tsukeru, expression souvent traduite par « assaisonner », évoque également la capacité à capturer le goût du légume par une préparation. À rebours de la gastronomie française traditionnelle qui procède par addition de textures et de sauces, la cuisine japonaise tente de révéler le produit en enlevant tous les procédés inutiles pouvant l'altérer. Le *dashi* doit « trouver » l'essence naturelle du produit, le révéler, toucher sa vraie nature. Il ne s'agit pas d'ajouter quelque chose, de transformer le produit par des sauces ou des condiments permettant d'avoir un plat élaboré, mais d'utiliser les préparations comme des exhausteurs d'un goût originellement présent.

La logique est là aussi celle de la soustraction, du lâcher-prise. Enlever, toujours enlever. S'il faut cuire un oignon, l'huile ou le sel ne sont pas nécessaires, l'oignon est simplement cuit à feu très doux dans une petite casserole fermée, enrobé dans sa peau pour l'attendrir, à l'image d'une cuisson vapeur. Il n'y a donc qu'un oignon, cuit dans sa propre peau. De manière paradoxale, nous cherchons par ces processus de cuisson douce la neutralité, exprimant par là un goût simple, doux et profond. Dans les recettes du temple, l'originalité des préparations et l'explosivité des saveurs sont à éviter. Des textures aux couleurs, des modes de cuisson aux sauces, tout doit être léger et délicat. Une cuisine sans ego.

La gastronomie bouddhique traditionnelle, la *shojin ryori*, repose sur un végétarisme strict, se basant sur des principes de compassion et de dévotion envers les êtres en souffrance. À Antai-ji, comme dans la plupart des petits temples situés dans la campagne japonaise, il arrive que nous ayons des donations de la part de villageois pratiquant la chasse au chevreuil et au sanglier.

La préfecture de Hyogo où se trouve le temple encourage la chasse pour lutter contre la surpopulation du gibier. Pour chaque bête, généralement capturée avec un piège et tuée par décharge électrique, le chasseur reçoit 10 000 yens, environ 75 euros. Ne pouvant pas manger l'ensemble du gibier capturé, certains villageois donnent parfois des bêtes au temple. Il nous faut alors tout dépecer, récupérer la viande, et se débarrasser du corps de l'animal.

Ce paradoxe apparent n'en est en réalité pas un. Quand bien même l'éthique bouddhiste reposerait sur un végétarisme de principe, nous tentons avant tout de vivre dans un esprit de gratitude. Exister en acceptant tout, en recueillant tout, sans jugement ni critique, dépassant les militantismes rigides.

À cela s'ajoute également un impératif social : rester en bonne entente avec les villageois des campagnes nous est vital, et ne pas créer de trouble en refusant une offrande est préférable.

Le donateur de viande le plus régulier était Yamato-san, un vieux Japonais au regard tendre et malicieux. Un maître dans son genre. Il me rappelait mon grand-père, discret, toujours le rire en coin. Véritable habitué du temple, il aimait rentrer par surprise dans la cuisine lorsque je m'y trouvais, criant d'une voix rigolarde « De Gaulle ! Napoléon ! », les deux personnages de l'histoire de France dont il connaissait parfaitement la biographie.

Yamato est né dans le village le plus proche et y a toujours travaillé, il fait partie de ces nombreux Japonais qui n'ont jamais été à Tokyo, tout simplement parce qu'il n'y a rien à y faire. Une bière en permanence à la main et un petit cigarillo aux lèvres, son travail de chasseur lui permet de compenser sa maigre retraite d'ouvrier agricole dans un pays où la protection sociale est plus que relative pour les travailleurs manuels.

N'ayant aucun lien avec le bouddhisme, ce vieillard au fort accent du Kansai aimait venir au temple pour parler de la montagne et de la météo, buvant le thé avec nous, souvent accompagné de son chien. Plus jeune, il travaillait dans les rizières de la préfecture de Shimane, et connaît donc parfaitement les tâches d'une petite ferme. Ses enfants partis pour la grande ville, éloigné de sa famille, il avait pour habitude de venir au temple voir les moines, comme une sorte de relève faisant revivre le Japon rural. Des jeunes qui n'ont pour la plupart pas dépassé les 30 ans, désireux d'apprendre la culture du riz et des différents légumes pouvant pousser dans le climat humide des montagnes, étudiant les techniques de bouturage des arbres fruitiers, répertoriant les endroits où trouver des herbes sauvages… Il le disait souvent, Antai-ji représentait pour lui une famille. Lorsque sa femme fut hospitalisée, ce n'est pas à ses enfants qu'il téléphona mais au temple. Lors des fêtes nationales, il avait coutume de nous apporter tout un petit équipement de camping pour préparer un *nabe*, sorte de gros bouillon traditionnel dans lequel on fait cuire des légumes et du poisson. Il s'installait là, devant la cuisine, sur sa petite chaise en plastique, regardant le ciel.

Je ne l'ai perçu que plus tard, mais être *tenzo* relève d'abord de l'attitude. Être bon cuisinier ne fera pas de vous un bon *tenzo*, un temple n'ayant rien à voir avec une école de cuisine ou un restaurant étoilé. Ne pas juger, prendre ce que la vie vous donne au moment où elle vous le donne, vivre avec gratitude et joie. « Quelle vie magnifique ! » pourrait être un mot collé sur le front du *tenzo*. Il est souvent dit qu'un cuisinier zen doit avoir le cœur d'une grand-mère, associant la bienveillance et la largesse d'esprit.

Préparer le repas n'exclut pas la contemplation, permise par la longue baie vitrée longeant la cuisinière. Entre un coup de cuillère venant remuer la soupe et une bûche jetée dans le ventre chaud du *kamado*, mon regard fuyait souvent vers la fenêtre, volant un instant de répit à l'agitation des cuisines. Au temple, les grands paysages dégagés n'existent pas, la vue est toujours bloquée, les perspectives bornées et resserrées, l'horizon s'arrête net, sans échappée ou point de fuite, emmuré dans le pied des montagnes où une armée de cèdres aux reflets mercure et aux ombres brisées s'érige en forteresse.

Dans cette cuvette corsetée de reliefs, j'avais moi aussi l'impression de mijoter dans la grande cocotte du bouddhisme, bloqué de toutes parts, prenant sur moi les saveurs du zen comme un gros légume absorbe sans résistance le bouillon qui le couvre. Un plat mijoté est toujours meilleur une fois la cuisson terminée, après une journée ou deux de repos. Peut-être en est-il ainsi des vertus du bouddhisme, donnant leur pleine saveur lorsque l'on quitte les lieux d'ascèse où le corps est chauffé et où l'esprit prend forme. Décidément et sur tous les plans, jamais ma vie n'avait autant ressemblé à un potiron.

Bien des fois, alors que mon menu du jour était prêt, j'ai reçu la visite d'un villageois portant un carton de laitues, une cagette de tomates ou un énorme chou. Il faut alors oublier les préparations en cours pour accepter la donation que vous cuisinerez avec toute la dévotion qu'elle mérite. Cela bouleverse vos plans de cuisinier, mais quel bonheur de recevoir ne serait-ce qu'une petite grappe de raisin d'un visiteur ayant fait l'effort de monter nous voir ! Une offrande, ce n'est pas quelque chose que vous recevez, c'est d'abord une intention, un esprit, une connexion tissée entre les êtres. Apprendre à donner, apprendre à recevoir, c'est avant tout cela la tâche du cuisinier.

L'abbesse venait souvent me voir en fin de journée, au moment du ménage, pour m'expliquer en quelques mots la conduite à avoir lors de ma pratique. « La texture du riz n'était pas bonne, tu dois laver le riz comme si ta vie en dépendait », « aujourd'hui, la sauce était relevée. Peut-être voulais-tu faire impression. Ne mets pas ton ego dans l'assiette, ne signe pas ton plat, montrer celui que tu es ne te mènera à rien », « cuisiner, servir les autres, c'est aussi un recueillement. La cuisine doit devenir ta salle de méditation, tes gestes doivent s'accorder aux rituels des moines, il n'y a pas de plus grande tâche que de cuisiner pour les autres. »

Mis bout à bout sur deux années, ces mots ont constitué mon éducation. Il ne s'agissait pas de devenir un prodige du bain-marie, mais d'aménager son esprit vers ce qui, ici et maintenant, devait être fait. Toujours et encore, penser d'abord au bien de la communauté. Qu'aurait fait d'autre un Bouddha ?

« C'est parce qu'il actualise l'esprit de la Voie dans la variété et le renouveau des menus appropriés aux saisons et aux besoins que le cuisinier apporte à la grande assemblée le réconfort et le bien-être nécessaires à la pratique », écrivait Dōgen dans son texte de référence sur la cuisine zen, le *Tenzo Kyōkun*.

Les légumes viennent à nous, non l'inverse, aimait nous expliquer l'abbesse. Ce sont eux qui décident du menu. Le *tenzo* doit uniquement composer avec. Lorsque j'ai commencé ma formation en cuisine, j'avais tendance à écrire très précisément chaque élément du menu, détaillant chaque sauce, précisant tous les ingrédients nécessaires pour les recettes. Puis, j'allais dans le potager pour sélectionner mes légumes, et bien souvent les récoltes ne correspondaient pas à mes idées de recettes. Tout était à revoir !

Composer un menu ne consiste ni à servir des clients ni à élaborer des plats. Il s'agit d'abord de considérer nos réels besoins. Au fil de la pratique, j'ai appris à me détacher des menus et à décider des préparations le jour même. Après le petit-déjeuner, j'allais dans le potager, je récoltais uniquement les légumes les plus mûrs, et composais ensuite un menu simple s'accordant aux conditions météo du jour.

Si une pluie soudaine venait à s'abattre, il fallait éviter les plats froids et préparer une bonne soupe. En été, un simple bouillon et du riz bien cuit peuvent faire des miracles. Au sortir de l'hiver, nous allons dans les forêts à la recherche de *take no ko*, jeunes pousses de bambou que nous faisons bouillir dans du son de riz avant de les faire fermenter dans de grandes jarres. Au printemps, le stock des légumes étant épuisé et les récoltes futures tardant à venir, nous nous nourrissons essentiellement de *sansai*, des herbes de montagne que nous trouvons en altitude et que nous préparons le plus souvent en *tempura*, ces célèbres beignets frits dont les Japonais raffolent. Ne sachant jamais à l'avance si ces herbes sauvages seront englouties par des sangliers ou si la récolte des pousses de bambou sera conséquente, une grande partie de l'année est donc placée sous le signe de l'incertitude.

Paradoxalement, accepter de vivre dans cette incertitude libère. Lorsque j'étais enfant, ma mère était toujours inquiète de ne pas avoir assez d'argent pour finir le mois, je me souviens encore de son regard inquiet lorsqu'elle faisait les courses au supermarché et qu'il fallait insérer la carte bleue dans la machine, ne sachant pas si le paiement allait être accepté ou non. Durant des années, elle vécut dans l'angoisse du lendemain. Il serait évidemment déplacé d'associer l'incertitude spirituelle du temple, toute confortable, à l'incertitude liée à la précarité sociale. Mais, comme une mère envers ses enfants, le *tenzo* est le seul et unique responsable de la cuisine, il doit être en mesure de justifier ses choix et de répondre s'il y a un problème. Il veille sur la communauté avec soin et inquiétude. Lorsque vous préparez un événement et qu'il faut nourrir pendant plusieurs jours une vingtaine de moines venus de tous les coins du Japon, ce n'est pas exactement la même chose que de préparer un barbecue entre copains. Pourtant, et malgré toutes vos anticipations, les choses ne se dérouleront jamais comme prévu et il faudra vous adapter.

Tout se passe en général sans problèmes, la vie, d'une manière ou d'une autre, vous donnera toujours son reste. Ne rien contrôler, ne rien diriger, juste vivre avec attention et soin. Soyez à l'écoute de ce qui se trame dans l'atmosphère du jour, comment les choses se déroulent, et faites à manger en confiance.

Une grande partie de la pratique de *tenzo* consiste à préparer les produits fermentés du temple. Tout au long de l'année, nous conservons aubergines, radis et autres concombres sous forme de *tsukemono*, sorte de pickles marinés dans du sel et de l'eau durant plusieurs mois. Nous préparons également le *inaka miso,* pâte fermentée à base de soja et de riz que nous utilisons chaque jour pour la soupe. Chose rare, nous faisons nous-mêmes notre *koji.* Le *koji* est un riz préalablement cuit à la vapeur sur lequel est inoculé un champignon, le *koji-kin.* Après plusieurs jours à température constante où nous mélangeons ce champignon avec le riz cuit, nous avons un *riz de koji* ou *komekoji,* qui à la manière d'un levain permettra la fermentation du soja broyé auquel sera ajouté du sel. Le *koji* est la base de la cuisine japonaise, il sert à la fois à préparer le saké, la sauce soja, la sauce *mirin* et de nombreuses marinades. Nous nous servons également du *koji* pour fabriquer du vinaigre de riz. Au Japon, son importance est telle qu'il fut consacré « moisissure nationale ».

De fait, nous vivons grâce et avec les ferments, et lorsque nous préparons le miso ou le *koji* il est impossible de savoir comment les choses vont tourner. Si le soja est trop cuit ou le riz trop dur, la fermentation ne pourra s'opérer convenablement, et les dizaines de kilos préparés seront impropres à la consommation. Mais nous ne produisons rien. Nous ne sommes rien de plus qu'un intermédiaire orientant l'activité microbienne. Nous accompagnons une vie invisible à l'œil nu qui travaille en secret, et, après plusieurs mois, bénéficions du long et patient travail de transformation opéré par des forces mal comprises.

Si l'attitude du cuisinier est juste, l'essence des légumes apparaîtra d'elle-même. En japonais, l'idéogramme désignant le goût, « *aji* », signifie littéralement « pas encore en bouche ». Comme un secret qui se dénude, le goût est d'abord une expérience de suggestion, un appel. C'est pourquoi il est enseigné de ne pas « s'attacher au goût ». De la même manière, lorsque nous recevons un cadeau, nous faisons l'expérience du don avant même d'avoir enlevé l'emballage. L'intérêt d'un cadeau n'est pas tant dans l'objet offert que dans l'acte de donner. Ce n'est pas sans raison si les Japonais, qui par ailleurs adorent offrir des souvenirs de vacances, prononcent avec entrain « *itatakimasu* » lorsqu'ils commencent le repas, ce « bon appétit » qui signifie littéralement « je reçois ce que vous me donnez ».

Dōgen disait : « La bouche d'un moine est comme un four », acceptant tout sans jugement ni préférence. Je pourrais raconter des dizaines d'anecdotes confirmant cette phrase. Durant un après-midi d'été, alors que nous étions assis autour de la table extérieure pour discuter des travaux agricoles à terminer, un moine est parti dans la cuisine pour sucrer son thé qu'il jugeait trop amer. Confondant le bocal avec le sel, il sala abondamment son thé, rendant celui-ci totalement imbuvable. De retour dans la discussion, il découvrit son erreur et tout en exprimant son dégoût voulut jeter le liquide dans l'herbe. Un autre moine assis à proximité lui saisit alors la main : « Ce thé est une donation. Ne fais pas les choses simplement par envie, fais ce qu'il est juste de faire. » Le thé fût bu et tout rentra dans l'ordre.

Un autre jour, alors que je m'efforçais à brosser le gros évier qui trône au milieu de la cuisine, Ekō m'expliqua la devise du temple gravée sur la porte principale du Hondo, « *Kimyō* ». Ce mot laissé par Uchiyama est composé de deux idéogrammes : celui de « la vie » et celui évoquant l'idée du « retour ». Le zen, me disait-elle, ne consiste pas seulement à « être dans le moment présent », comme une grenouille stationnerait paisiblement sur une feuille de nénuphar. La pratique, c'est le fait même de « revenir » vers cet instant, sans jamais s'arrêter, à la manière d'un exercice qui ne trouverait jamais sa solution.

Je suis d'un naturel distrait, et ce n'est pas pour rien que cette explication me fut donnée. Lorsque je cuisine, il arrive que mon esprit dérive et m'emmène autre part, détournant mon attention du poireau que j'étais pourtant en train de découper. Pour cette même raison, je suis un piètre conducteur, et lire des livres m'est beaucoup plus adapté, mais je me souviens que cette brève explication avait eu sur moi un grand effet.

Le zen commence donc dans la conscience d'un échec. Nous échouons sans cesse à vivre le présent. Naturellement, nos pensées nous déportent du monde, nous emmènent dans un ailleurs. Lorsque je fais *zazen*, des pensées apparaissent, disparaissent, et il arrive par égarement que ces distractions de l'esprit m'emportent vers une forme de somnolence légère. Comme beaucoup de moines, je me suis déjà endormi pendant *zazen*. Puis, sans trop savoir pourquoi, je réalise que mon esprit s'égare, que je ne suis « pas là ». Je reviens alors vers mon souffle, vers ma posture.

Pour décrire cette situation, Kōdō Sawaki a laissé une histoire célèbre : « C'est l'un des mérites du *zazen* de voir que nous sommes pleins de pensées perturbatrices. Lorsque vous êtes complètement préoccupé par quelque chose, rien d'autre ne vous vient à l'esprit. Avec un verre à la main et votre bras autour d'une geisha, vous ne sentez pas du tout la puce vous piquer. Pendant cet instant, toutes vos pensées sont mises de côté. Pendant *zazen*, cependant, vous êtes tellement conscient de cette puce que vous ne savez pas quoi faire de vous-même. Parce qu'en *zazen* vous n'êtes pas engourdi. Vous êtes devenu transparent et clair. »

Le cuisinier doit également gérer tous les stocks de nourriture du temple. Vivant en relative autonomie, il est nécessaire de planifier la consommation des mois à venir. En plus d'un œil alerte sur les légumes et les conserves, il nous arrive de recevoir par la poste des offrandes de fidèles soucieux de soutenir le temple. Venant de tout le Japon, il s'agit le plus souvent de produits de nécessité pour la cuisine, comme de l'huile ou du sel. Parfois, des fruits de saison, comme des *yuzu* de Shikoku ou des pommes de la préfecture d'Aomori. Le *tenzo* enregistre alors l'offrande sur un carnet et la place durant trois jours à côté du Bouddha principal situé dans le Hondo. Il se prosterne sur le sol, face à l'offrande, afin d'honorer le présent. Ensuite, tout sera stocké et utilisé avec le plus grand soin.

Dans la plupart des temples, soutenus financièrement par l'institution centrale du zen Sōtō japonais, le cuisinier commande directement les ingrédients à des fournisseurs extérieurs travaillant exclusivement pour les structures religieuses. Un coup de téléphone suffit pour se faire livrer du tofu, des udons ou des kilos de riz. Les cuisines historiques des temples ne sont bien souvent plus utilisées et servent de vitrine pour les touristes.

Dans notre cas, nous avons une pratique traditionnelle du rôle de *tenzo.* Le tofu, les udons ou le riz, tout est fait sur place. En plus du soin apporté aux ingrédients, nous portons donc une grande responsabilité lorsque nous préparons les repas et ne pouvons nous permettre de rater une préparation. Impossible de trop cuire le riz ou de gâcher des aubergines, le *tenzo* doit toujours avoir à l'esprit cette notion de gâchis et d'économie. Chaque épluchure est utilisée avec soin, chaque petit reste de cuisine est systématiquement recyclé. La notion de déchet n'existe tout simplement pas.

Nous utilisons souvent le mot d'« autosuffisance », *jikyujisoku*, pour décrire le fonctionnement du temple. En japonais, les idéogrammes renvoient à l'idée du « soi-même ». Cependant, lorsque nous cultivons des légumes, l'intervention humaine ne représente qu'un infime pourcentage de la réussite du potager. La vie du sol, la pluie, le vent, l'humidité, l'inclinaison des pentes, c'est cela qui détermine si nous récolterons ou non des légumes. Nous plantons des graines et nous accompagnons la plante dans son développement, c'est tout. Nous ne cultivons rien, nous assistons des forces nous dépassant. Comment dès lors penser que ce sont *nos* légumes que nous cultivons ?

Extérieurement, rien ne change du jardinier ordinaire. Vous descendez dans votre potager, vous prenez vos tomates, vous lavez votre salade. Mais intérieurement, toute notion de mérite disparaît dans la pratique. Vous n'êtes pas récompensé de vos efforts dans les champs, vous recevez simplement ce qui s'offre à vous.

De la même manière, j'ai toujours eu tendance à mettre trop de bois dans le feu pour cuisiner. Comme pour me rassurer, comme pour combler un manque. Comprenant ensuite ce qu'implique d'abattre un arbre, de le couper, le transporter, le faire sécher, puis de le transformer en petits tronçons pouvant entrer dans le four à bois, j'ai commencé à contrôler ma consommation de bûches.

Le problème derrière l'usage du bois, la découpe des légumes ou le lavage du riz est toujours le même : l'ego. Lâcher l'ego. Contrairement au *zazen*, un *tenzo* est d'emblée tourné vers les autres, là où une méditation mal dirigée peut parfois enfermer dans une bulle personnelle, vous coupant des réalités de l'environnement et de la notion de service. Si je reste un piètre cuisinier, je suis persuadé que la pratique de cuisinier renferme avec elle toute la beauté des vertus bouddhiques.

Laver les épinards, râper le daïkon, écosser les pois, porter soin à l'eau utilisée pour laver le riz, considérer le plus hautement possible les légumes les plus anodins, se lever dans la nuit pour faire chauffer le bouillon pendant que les moines méditent dans le froid du matin, rogner son sommeil pour gratter une vieille bassine dans le silence du temple, tout cela participe d'une pratique authentique. L'art de la préparation des repas dépasse très largement les cloisons de la cuisine, qui n'est autre chose que la vie elle-même. Les cuillères sont vos bras, les éponges votre esprit, le miso votre corps. Chaque jour, j'ai dû remettre mon attention dans le feu crépitant du *kamado*, ma compassion dans la soupe frémissante, ma foi à l'épreuve de la découpe d'un concombre, cherchant les ingrédients adéquats pour mieux assaisonner ma vie. Pratiquer le *zazen*, se prosterner devant le Bouddha ou cuisiner, il n'y a pour moi aujourd'hui plus aucune différence.

4

Les singes aussi tombent des arbres

猿も木から落ちる

Dans le plein milieu du mois d'août, pétri par la chaleur humide de l'été nippon, l'abbesse du temps m'a fait demander dans la petite pièce dédiée aux entretiens avec les disciples, située tout au bout du couloir principal, comme l'endroit ultime où les grandes choses se décident. J'ai patienté de longues minutes devant la porte, assis en *seiza*, les genoux plantés dans le dur plancher du couloir principal. La clochette sonne, j'ouvre délicatement la porte coulissante, sans bruit. Prosternation. On entre toujours par le pied gauche. Prosternation. Au fond de la pièce, une petite table noire où l'abbesse m'attend. Prosternation. Je m'assois face à elle, le dos droit, les genoux pliés sur un large coussin, bien parallèles, juste posés quelques centimètres derrière la couture. Mains jointes. Prosternation.

Ekō me regarde furtivement, esquissant un sourire. Sa voix a un ton inhabituellement familier. « Cela fait un certain temps que tu vis au temple. Depuis la fin de l'hiver, ton esprit a changé, quelque chose s'est éclairci en toi. Tout cela n'est qu'un éternel début. Tu dois avancer dans ton *zazen*, affermir ta pratique, toujours. Il est peut-être temps de penser à faire *shukke.* »

Faire *shukke*, ou plus simplement devenir moine. J'y avais déjà pensé, bien sûr, comme chaque personne laïque entrant dans un temple pour s'engager dans la pratique, mais la vie très occupée du temple ne permet pas de s'attarder sur ce genre de considérations, et savoir ce que l'on va devenir dans quelques mois ou dans quelques jours est superflu. Le ménage, la cuisine, le potager, les cérémonies, le *zazen*... voilà ce qui absorbe l'esprit.

En écoutant Ekō, tout devenait pourtant bien réel. J'ai eu envie de lui poser des dizaines de questions. Ma vie sera-t-elle différente après mon ordination ? Un moine est-il si différent du laïc ? Dois-je vivre dans un temple jusqu'à mes dernières heures ? Sur quels critères est-on jugé prêt à devenir moine zen ?

Dans un bref silence, j'ai laissé mes pensées me porter vers tous les moines que j'avais rencontrés auparavant, à Kyoto ou ailleurs. Ceux qui fumaient leur cigarette en sortant du bain public, une bière à la main, une serviette encore mouillée sur les épaules, les fesses posées sur un scooter flambant neuf. Ceux qui en robe monastique faisaient la sieste devant ces échoppes où l'on grille les morceaux de bœuf en les faisant revenir dans l'ail. Ces jeunes novices à l'entrée des temples pour qui la pratique zen consistait à vendre des billets aux touristes toute la journée, ces vieux bonzes sans retraite contraints de mendier pour vivre. Je revoyais les moines des grands temples de Kyoto qui, une fois les grandes cérémonies terminées et les soutras récités, se rendaient en rigolant dans le vieux quartier de Gion, se réchauffant le cœur auprès des prostituées.

J'avais déjà parlé avec quelques moines zélés, bien sûr, des amoureux du *zazen* dont la vie tout entière semblait régie par l'éthique bouddhique. Mais au fond, « être moine », cela ne voulait pas dire grand-chose. L'abbesse leva légèrement la tête et me fixa du regard une nouvelle fois : « Si tu deviens moine, il faut organiser une cérémonie, il y a des papiers à remplir. Je vais avoir besoin d'une photocopie de ton visa. » Toujours revenir aux choses concrètes.

D'une certaine manière, je n'attendais rien de parfait de la vie spirituelle, et entrer dans un temple n'exclut évidemment pas certaines passions tristes, la mélancolie ou le doute. Il est souvent dit dans notre tradition que rien ne change malgré la pratique. Après dix, vingt ou trente ans de pratique, vous serez toujours le même imbécile assis sur un coussin à 4 heures du matin. Peut-être, ayant vieilli, vous aurez un peu mal au dos. N'attendez rien de plus. « La pratique n'a rien à voir avec vous », répète-t-on en boucle aux novices. Le zen consiste à entrer dans la grande question de la vie sans attendre de réponse. Vous vivez la question, c'est tout. Les grands discours sur le sens ultime de l'existence ne font pas partie de la grammaire du pratiquant. Que vous deveniez un saint ou un bandit, un érudit du Dharma ou un perpétuel commis de cuisine, cela ne fait pas une grande différence. Faites ce qui doit être fait, indépendamment de vos idées personnelles. Dans le même sens, à ce moment précis, il était simplement bon pour moi de devenir moine.

« La cérémonie aura lieu le mois prochain. Tu deviendras mon premier disciple. J'ai assisté à beaucoup d'ordinations, mais je n'en ai jamais réalisé moi-même. Il y aura sûrement quelques hésitations, pardonne-moi d'avance. » Les maîtres zen, quand bien même portant la charge d'un temple, doivent eux aussi continuer la pratique à leur niveau, assurer les cérémonies, prendre soin des disciples, garder la pratique intacte. Rien ne me faisait plus plaisir que d'inscrire mon ordination sous le signe d'un certain flottement. Après tout, on appelle le jeune moine un *unsui*, littéralement le nuage et l'eau, comme pour signifier au novice zen qu'il évolue toujours dans un univers instable et fragile, restant comme au-dessus du monde dans le large ciel, éternel passant guidé par l'impermanence. « On appelle moine du Bouddha le disciple en robe de loques qui, comme les nuages, n'élit domicile nulle part et, comme l'eau, poursuit son cours sans retenue », écrivait ainsi Dōgen.

Tout était donc décidé, et, sans avoir dit grand-chose, j'allais devenir moine. Lorsque je suis sorti de la salle d'entretien, j'ai remarqué le regard de l'abbesse s'attardant vers le *tokonoma*, ce petit espace creux au plancher surélevé servant à présenter des objets d'art, comme pour me signifier en silence une dernière leçon. Accrochée au mur blanc, une calligraphie tracée au large pinceau, rédigée par un ancien maître. Sur le papier de riz, un vieux proverbe japonais : *saru mo ki kara ochiru*, « même les singes tombent des arbres ».

En japonais, « faire *shukke* » signifie littéralement « quitter le foyer ». Dans le bouddhisme ancien, le moine, à l'image du Bouddha historique lui-même, devait pour entrer dans la Voie abandonner ses charges familiales. Clair avec ses obligations, il pouvait vouer sa vie à l'errance et à l'ascèse. Dans le zen, nous utilisons une définition bien plus large et spirituelle. Le « foyer » représente d'abord pour nous la maison intérieure, l'ensemble de nos repères personnels, ce qui nous rassure dans la nuit de la vie et que nous protégeons comme l'enfant s'accroche à sa peluche. Le foyer, c'est l'attachement aux choses familières qui forment le monde de l'intime, l'arrière-boutique du cœur. La manière de s'habiller, de se laver, de s'adresser aux autres, les premières choses que l'on aime faire en se réveillant, la nature des liens tissés avec ses amis ou sa famille, tout dans son tréfonds indique le foyer, notre manière d'être au monde. Le foyer est ce qui nous empêche de grandir, nous retient quelque part, à la manière des émotions d'une mère inquiète refusant de voir ses enfants quitter pour la première fois le domicile familial.

Cela ne veut pas dire qu'une pratique est impossible au sein du foyer, mais c'est certainement plus difficile. Quelle est donc cette force qui nous retient aux endroits où nous restons ? La plupart des grands maîtres du zen sont des orphelins. Libérés très jeunes de l'obstacle émotionnel que peut représenter la famille pour celui qui veut se jeter tout entier dans la Voie des bouddhas, ils ont pu sans ménagement et très tôt s'impliquer dans le zen.

D'une manière plus ou moins radicale, le zen vous invite à tuer vos parents. Cela ne veut pas dire que vous recevrez un manuel du crime familial si vous devenez moine. Symboliquement, vous devez pratiquer un détachement avec ce qui vous ramène à l'enfance spirituelle, vous libérer d'un rapport émotionnel basé sur les préférences. Devenir adulte, quitter le foyer, et avec lui l'égoïsme quotidien conduisant à voir dans la réalité ce que nous voulons y voir, et non ce qui s'y déploie naturellement. S'accorder au réel, c'est d'abord s'oublier en lui, et paradoxalement quitter le foyer consiste à rentrer dans la véritable demeure de l'homme.

« *Shukke* » consiste à faire l'effort, chaque jour renouvelé, de se dévêtir de cet ego. Cela s'applique dans le quotidien le plus trivial, au sein du monde. Faire la vaisselle, ranger son futon, aller au travail, aider ses proches, faire les courses, gérer un budget, téléphoner. À chaque instant, renouveler la pratique, faire ce qui est correct et juste, et ne pas se laisser trop porter par ses sentiments soudains. Garder l'esprit du discernement. Dans la vie courante, nous voulons souvent nous rassurer, trouver un emploi rémunérateur, avoir un mariage heureux et stable, assurer ses arrières. Le zen rompt avec l'esprit d'épargne qui conduirait à une sécurité illusoire. Ne pas se soucier du lendemain, tout en le prévoyant. Ne pas entrer dans les calculs et les frustrations, tout en s'impliquant. Garder la joie au cœur, sans en être affecté.

Les ordinations se font souvent à plusieurs. Il a été décidé que je deviendrai moine en même temps que Takahashi, dont l'arrivée au temple précéda de six mois la mienne. Le dos intégralement tatoué, le regard simple et rieur, la vie de ce Japonais aussi petit que trapu pourrait faire un très bon roman.

Né dans un milieu pauvre de la banlieue de Tokyo, fuyant les maltraitances de son environnement familial et menant un temps une vie de lycéen sans-abri, il trouve refuge dans un petit groupe proche des clans yakuzas. Cette nouvelle famille lui inculquera une discipline stricte, assez similaire à la vie du temple si l'on s'en tient à l'aspect extérieur : levé aux aurores, ménage, activité physique, entretien des futons et des tatamis, cuisine, politesse, respect des anciens et entretien des poubelles du voisinage.

Après six mois passés dans les prisons japonaises et beaucoup d'amis emportés par la drogue, Takahashi disparaît des milieux douteux et se rend en Afrique, au Ghana. Là, il devient un temps percussionniste dans un groupe composé d'Africains et de jeunes

Japonais. À son retour au Japon, il trouve un travail d'artisan du bâtiment et passe ses journées à rénover les routes de la frénétique capitale nippone. Très vite, il se marie et fait deux enfants. Après un divorce et une reconversion comme chef cuisinier dans un restaurant de cuisine thaïlandaise et cambodgienne, il rencontre le bouddhisme lors d'un stage introductif à la méditation.

Résolu à entrer plus profondément dans ce monde qu'il vient tout juste de découvrir, il lâche son restaurant et, sur le seuil de ses 40 ans, décide de se lancer dans la pratique zen en entrant à Antai-ji, l'un des rares temples à accueillir les pratiquants non ordonnés. Avec ce travailleur acharné, cuisinier talentueux, je me souviens des heures que nous passions à étudier les textes de Dōgen, éclairés à la bougie durant les pannes de courant d'hiver. Devenu un véritable ami, ce moine foutraque vit aujourd'hui reculé dans un petit temple délabré dont il a hérité, situé dans les discrètes montagnes au nord-ouest de Tokyo.

Avant la cérémonie, Takahashi et moi devons nous préparer. Il nous faut réfléchir à un nouveau nom, un nom de moine. Lâcher prise avec son ego, c'est aussi lâcher prise avec son ancien « moi » dont le prénom est le plus grand reflet. La prise du nom se fait sur consultation directe du pratiquant. En hommage à une vieille relation familiale, Takahashi a choisi le nom d'Icchū. Quant à moi et après de longues discussions avec mon maître, j'ai décidé de prendre le nom de

Tōzan, associant deux idéogrammes de deux moines que j'affectionne particulièrement, Tōsui et Menzan.

Tōsui Unkei fut l'un de ces moines iconoclastes typiques de l'ère Edo. Sorte de synthèse zen entre saint François d'Assise et un punk anglais de la fin des années soixante-dix, archétype fou du moine réfractaire refusant tout cadre institutionnel, Tōsui entre dans le bouddhisme à l'âge de 7 ans, dans le turbulent XVIIe siècle japonais. Après une formation classique et un apprentissage de la discipline monastique, il décide de fuir le monde clérical et entame un long périple dans tout l'archipel, menant ainsi une vie d'errance et de pauvreté, avant de rejoindre les communautés de sans-abri sous les ponts de Kyoto. Si beaucoup d'histoires plus ou moins légendaires existent à son sujet, Tōsui incarne un zen direct, libertaire et rustique, dans la droite lignée de grands maîtres modernes comme Sawaki.

Menzan Zuihō, quant à lui, fut sans doute le moine le plus influent de l'histoire du zen Sōtō. Montagne d'érudition au parcours monastique irréprochable, il est connu comme un important réformateur du zen, vulgarisant les œuvres de Dōgen. Menzan est l'un des fondateurs du *sahō* actuel, les manières et les étiquettes des moines actuels : règles formelles encadrant les rituels d'ordination, commentaire pratique sur la méditation, méthode d'étude du corpus littéraire bouddhique, etc. Il représente le moine complet, associant une érudition inégalable et une pratique diligente du *zazen*. Né l'année de la mort de Tōsui, en 1683, il rédigea une biographie détaillée sur ce moine qui représentait pour lui, pur produit de l'institution zen, un exemple de liberté à ne jamais oublier.

Deux noms, deux approches d'une même tradition. L'un est pauvre et baroque, l'autre est érudit et soucieux de grandes réformes. Deux poumons d'une même pratique. En combinant les idéogrammes des deux moines, je me retrouvais donc avec le nom Tō-zan, littéralement « la montagne du pêcher ».

La seconde étape pour préparer l'ordination est la rédaction du *kechimyaku*, la « lignée du sang ». Un immense parchemin rectangulaire fait de papier de riz, listant de haut en bas tous les ancêtres de l'école zen depuis le Bouddha historique. Une longue ligne rouge qui traverse les noms de tous les maîtres et patriarches pour se clôturer sur son propre nom, faisant de vous un héritier direct de la pratique. Le sang des patriarches doit couler en vous, ne plus vous quitter. *Religare*, en latin « se relier », est la première étymologie donnée à la « religion ».

La rédaction du *kechimyaku* doit être faite proprement, à l'encre et au pinceau. Aucune tache, aucune rature. Sorte d'exercice méditatif et calligraphique, je l'ai rédigé la nuit, après la méditation du soir, sur la grande table de la bibliothèque. J'ai dû m'y reprendre à deux fois, ma première tentative échouant à cause d'une pliure maladroite. Au fil des heures, sous les antiques néons verdâtres de la petite pièce aux murs de bois, chaque nom venait se poser sur ce fin et long papier blanc, comme une broderie délicate se laissant découvrir. J'ai apposé le mien, tout en bas, et me suis endormi là, la tête étalée sur le bureau.

Juste avant l'ordination, un dernier entretien est toujours prévu. Désormais habitué, j'entre et m'installe dans la petite salle pour écouter l'unique question du jour, comme une dernière clarification de mes motivations souterraines. « Que signifie pour toi devenir moine ? »

Un silence s'étendant avec la nuit tombée. Que dire ? J'ai pensé évoquer les textes d'Uchiyama sur la diligence nécessaire dans la Voie du bouddhisme, ou citer un poète parlant de vacuité. Que voulait dire tout cela pour moi… C'est une règle universelle : quand vous n'avez pas grand-chose à dire, la conversation est déséquilibrée avec l'interlocuteur. Au fond, c'était vrai, qu'est-ce que je foutais dans tout ce bordel ?

J'aurais pu être tranquillement allongé dans le bain chaud d'un *onsen* de cette préfecture féerique d'Ishikawa, cuisant en regardant la mer du Japon mourir sur ces côtes montagneuses zébrées de rizières en étages, passant mes vacances à manger des spécialités locales. Le programme semblait tout aussi attirant.

« Devenir moine. » Fallait-il vraiment en arriver jusque-là ? Tout s'était rapidement enchaîné. Il y avait beaucoup de choses qui m'avaient amené ici, au seuil de l'ordination. Un amour pour la culture japonaise, un certain goût pour l'aventure. Mais aussi des choses plus personnelles, peut-être plus fondamentales. Le divorce de mes parents, un père aux prises avec l'alcool devenant sans-abri, réussissant à sortir de la rue et avec qui j'ai gardé une excellente relation, ma mère qui surmonta l'épreuve du cancer, comme autant de balises permettant de naviguer en zones d'impermanence.

Répondre à un appel intérieur n'est pas aisé, et pour cela les livres m'ont toujours été importants. Les grands textes ne sont pas là pour nous amuser, mais, définitivement, pour changer nos vies. Des écrivains de génie comme Dostoïevski ou Bernanos ont fait l'effort de sortir d'eux-mêmes de telles merveilles pour transformer le lecteur, pour l'ouvrir à des dimensions de son âme auparavant fermées et inconnues. Devant de telles œuvres, rien ne me semble plus irrespectueux qu'une lecture négligente, pour « passer le temps », sans prendre parfaitement au sérieux l'exigence pratique contenue dans la littérature.

Comme un chapelet dont les graines parcourent un fil, de grands chocs littéraires ont ainsi jalonné ma courte existence. James Joyce, Walter Benjamin, Albert Caraco, Simone Weil, Walt Whitman. Ce furent aussi Léon Bloy, bien sûr, dont j'ai tout dévoré avec passion, Paul Gadenne et son exploration si juste des valses de l'âme humaine, Ralph Waldo Emerson et sa vision transcendantale de la nature, la poésie oraculaire d'un Hölderlin, ou encore *Les Deux Étendards* de l'ignoble Lucien Rebatet, objet total et absorbant, rempli de tensions spirituelles et de grands combats intérieurs, semblant avoir rétréci tous les paradoxes de la modernité dans un seul et même ouvrage écrit dans une langue à la fois hésitante et classique.

Se succédaient ainsi les lectures aux thématiques plus ou moins récurrentes, tournant autour de la grande et unique question de la mystique humaine, de philosophes en intellectuels heureusement inclassables, Martin Heidegger, Maître Eckhart ou Augustin Berque dont les liens avec la pensée japonaise me donnèrent la curiosité de l'Extrême-Orient, l'islamologue Louis Massignon ou bien sûr René Guénon, ce dernier terminant de me convaincre de l'importance d'une entrée définitive dans une tradition religieuse.

Mais que faire de toutes ces lectures qui vivaient en moi ? Il était temps, moi aussi, d'avancer dans la vie. Une année dans la franc-maçonnerie alors que j'étais étudiant m'avait fait prendre conscience de la nécessité d'un retour vers une voie traditionnelle et ancestrale, validée par le temps, enracinée dans le calme d'une histoire millénaire. La spiritualité laïque ne me convenait définitivement pas, elle me semblait une sorte de grimage hasardeux et bancal, un mélange maladroit de rites catholiques adoucis et de mystique modernisée. Un bricolage spirituel, sans possibilité d'éveil véritable.

Si les grandes théories sur la Trinité, la cosmogonie hindoue ou la théosophie d'Ibn Arabi peuvent s'apprécier dans n'importe quelle bibliothèque, il est important de voir si une spiritualité peut entrer en vous, vous pénétrer de sa vérité, si sa tessiture est discernable à votre cœur. J'ai donc frappé aux portes de maîtres soufis de la tariqa Naqshbandiyya, une confrérie musulmane pratiquant des prières d'ailleurs proches du recueillement silencieux de certains bouddhistes, mais mon intérêt pour la vie monacale m'a rapidement détourné de l'Islam.

Puis vint ma première véritable rencontre avec des gens de foi. Je vivais alors à Avignon, non loin de la Cité des papes, dans un petit appartement collé à la basilique Saint-Pierre. Avignon est une ville parfaite pour flâner, couverte de ruelles tortueuses et courbées, emplies d'ombre, rien n'y est droit ou symétrique, tout invite à se perdre en marchant au hasard sur un temps infini. Je suis alors tombé sur la petite paroisse Saint-Côme et Saint-Damien, une église minuscule dont la modestie ne pouvait qu'inspirer confiance, située à l'extérieur de la ville centre, bien en dehors des remparts sud.

Le Père Georges Eymard, à la grosse barbe blanche et à la douceur magnifique, m'avait proposé d'assister à la messe. La liturgie était aussi élevée que l'étaient les chants, les fidèles baisaient les icones pleines d'or et de reflets, le pain trônait, tout respirait la lumière et la joie. J'eus la chance de rencontrer dans ce petit refuge d'anciens chrétiens ayant vécu au Mont Athos, des âmes venues de Grèce, Syrie ou d'Égypte. Ici, la foi était vivante, le christianisme semblait avoir une puissance autre que les postures polies et bourgeoises tant fréquentées jusque-là. J'ai encore en mémoire ce petit Grec aux yeux énormes qui balayait l'entrée de l'église, habité par sa mission divine, une lourde croix accrochée au cou, comme un pendule indiquant partout l'heure de la charité.

J'ai fréquenté cette communauté, vu et revu les paroissiens prier debout dans le respect et la ferveur. Après plusieurs entretiens avec le Père et l'évocation du baptême, je sentais pourtant que ce monde n'était pas le mien, une réserve intérieure me retenait quelque part comme on hésite à entrer dans un lac à l'eau trouble. C'est alors que j'ai rencontré le bouddhisme.

Les raisons expliquant la vocation des êtres ne peuvent se commenter. Des motifs, il y en a beaucoup, et plus on cherchera et plus ils se verront. Devenir moine zen n'est pas quelque chose que l'on souhaite, en tout cas pas comme on souhaite devenir pompier, ébéniste ou médecin. Cela arrive et monte en vous jusqu'à occuper votre cœur, comme une musique revient en tête pour ne plus vous lâcher. Succomber à l'évidence est alors la seule chose à faire.

Notre monde en manque de foi fait face à une crise de l'engagement. Peur de s'engager dans la famille ou dans un travail impliquant l'apprentissage d'une vie, peur d'endosser des responsabilités dépassant le cadre du confort personnel, peur de miser sur des choses échappant au contrôle. Peur de l'ennui, de la continuité ou de l'imprévu. Peur de passer à côté d'une opportunité, peur du regret ou du jugement. Toujours avoir une issue de secours, un plan B, un autre projet, juste « au cas où ». Avoir une zone de réserve, économiser son âme et s'épargner le tracas possible, et, surtout, ne pas tout miser sur le même cheval, comme disent les banquiers qui aiment tant les calculs.

Tout autour de nous est aujourd'hui abrogeable, les baux de location peuvent se rompre facilement, les offres « sans engagement » pullulent, les publicitaires proposent toujours plus de contrats sans contraintes. Pourquoi les relations humaines seraient-elles d'ailleurs différentes ? Ne devraient-elles pas elles aussi être entourées de clauses régissant la pleine adhésion des deux parties ? Que signifie cette notion de vocation et d'engagement dans ce monde étrange du tout résiliable ? Pensant que si l'on ne donne pas tout nous ressemblons à ceux qui ne donnent rien, les moines ne sauraient vivre dans ce « satisfait ou remboursé » proposé par nos sociétés sous conditions.

Lors d'un mariage, il est fait le choix de renoncer aux autres partenaires possibles pour n'en choisir qu'un. L'engagement implique l'abandon, la mort d'une partie de votre futur. Au regard du taux de divorces, peut-être ne sommes-nous plus capables d'intégrer cette notion impliquant un consentement simple et banal à la limitation. Idéalement, personne ne se marie avec l'idée du sacrifice accrochée au cœur, l'union est d'abord un acte de confiance, de foi, un vœu. Tout comme être un mari ou une femme ne se résume pas par un document administratif, vous ne devenez pas moine par une simple cérémonie.

Chaque jour, dans vos actes quotidiens, vous vous comportez comme un mari ou comme une épouse.

De la même manière, chaque jour, dans l'attitude et la répétition, nous faisons le choix de devenir moine, d'incarner le chemin choisi, de préserver le vœu de la libération en le récitant continuellement. « Devenir » moine, c'est justement refuser de l'être pour de bon. La voie spirituelle n'est pas un parking où l'on stationne, un état fixe et immobile, mais un chemin de vie.

Ce fut ma réponse à Ekō : « Devenir moine, c'est se marier avec la Voie. »

Voilà, le jour de l'ordination est donc arrivé. Un jour de brume où une nappe épaisse et laiteuse endormait la vue. Les montagnes au loin semblaient se rouler dans de gros nuages, longs et plats, masquant dans une étrange pudeur les courbes douces d'un horizon rythmé par les cèdres. Comme une grande suggestion, un défilement incertain de bandes vaporeuses, laissant au ciel des morceaux de liberté, engageant le paysage dans un charme secret. Nous étions le 15 septembre, 16 heures. Dans quelques instants, plus personne ne m'appellera « Clément ».

Des coups de cloche, sans interruption. Vêtu d'une tunique blanche, j'avance avec Takahashi vers le Hondo. Au milieu de la salle aux portes et fenêtres ouvertes, l'abbesse est là, assise sur un haut fauteuil laqué de rouge. Des laïcs sont venus pour assister à la cérémonie, certains depuis Hokkaido, tout au nord du Japon. Nous nous asseyons en *seiza*, et durant une heure nous récitons face à l'assemblée la liturgie officielle introduisant le rituel d'ordination.

Ekō me regarde, saisit un rasoir, et me demande de baisser la tête. Une lame engoncée dans un manche en bois coupe les derniers cheveux laissés symboliquement pour la cérémonie, au sommet de ma tête. La liturgie continue dans les volutes d'encens. Je reçois mon nom, Takahashi devient Icchū. Nous promettons de respecter les interdits du bouddhisme.

Jukai, les dix préceptes. Ne pas rompre la vie, ne pas voler, ne pas mentir, ne pas consommer ou faire consommer d'alcool ou de produits intoxicants, ne pas succomber au désir sexuel, ne pas juger ou parler des erreurs d'autrui, ne pas se mettre en valeur ou nuire à autrui, ne pas convoiter ou être avare, éviter la colère, ne pas manquer de respect aux Trois Joyaux que sont le Bouddha, son enseignement et sa communauté.

Nous recevons ensuite notre bol, soigneusement enveloppé dans un petit *furoshiki*, magnifique objet en laque noire assorti de baguettes qui serviront désormais pour tous nos repas. À chaque objet, précepte ou document reçu, nous hurlons dans le Hondo : « *Yoku tamotsu ! Yoku tamotsu ! Je le préserverai !* »

Viennent ensuite les vêtements, dont le *kesa*, le corps symbolique du Bouddha, la robe du moine. On m'aide à l'enfiler, péniblement. Une couette ! C'est immense, je nage dedans. Où est le haut, le bas ? Le tissu est doux, simple, d'un noir cassé, tirant presque sur le gris. Un grand carré qu'il faut dérouler sur l'épaule, faire tomber sur son dos, déplier, dont il faut passer le coin au-dessus de la tête, par l'arrière, ici à droite, ah non à gauche, ça ne va pas, c'est quoi ce truc, on dirait une voile ! Ayant passé du temps en Bretagne, j'ai quelques notions de navigation, mais tout de même ! Je vais vraiment être obligé de porter ce machin tous les jours ? Je pose la large cape sur les épaules, la ramène devant moi et la plie en formant un rabat, un peu aléatoirement. Pas vraiment professionnel. Ah, il faut se lever, je marche sur ma robe, il faut tout refaire, rien n'est parallèle… Mon voisin n'a pas l'air de mieux se débrouiller. Les derniers passages liturgiques sont récités, tout se termine simplement. Une photo est prise pour attester de la cérémonie à l'institution officielle.

La cérémonie d'ordination est d'abord un rite de réception. Apprendre à recevoir est la première marche du zen. Nous recevons la lignée, nous recevons un nom, nous recevons un bol, nous recevons une robe, et, enfin, nous recevons les préceptes du zen. Dans la gratitude. Nous devenons un maillon d'une grande chaîne, garants de l'intégrité de la pratique.

À Antai-ji, nous nous fichons totalement de savoir si les souhaits sont faits sincèrement ou par convention, s'ils sont justes ou injustes, vrais ou faux, si les préceptes monastiques seront ou non respectés. Jamais je n'ai entendu une seule fois un discours sur « le vrai zen ». Être ceci ou cela, bon ou mauvais, cela n'appartient pas à notre monde. Nous vivons d'abord par souhait, nous faisons le vœu d'un éveil. D'une utopie spirituelle naît notre réalisation concrète, fondée sur des actes quotidiens et triviaux. Les vœux bouddhistes de compassion, de respect, de parole ou d'actions justes sont eux aussi des illusions nécessaires à l'émergence d'une éthique permettant de défaire l'ego. Le bouddhisme propose avant tout une méthode, un dispositif provisoire menant vers la libération, comme un médecin prescrit un médicament dosé en fonction du patient. Une fois guéri, le médicament devient inutile, une fois la rivière traversée, le radeau devient encombrant. Les conditions de la pratique ne sont pas permanentes, c'est l'actualisation de la foi qui importe.

Alors terminé, une fête est organisée pour célébrer l'événement. Après avoir certifié ne plus boire et ne pas participer à la mort d'un être sensible, nous mangeons du chevreuil et buvons du saké. La belle entourloupe ! J'imagine tous les amoureux du Japon, lecteurs envolés de Mishima et des récits de samouraïs, faisant du bouddhisme une religion pure et parfaite... Quelle ne serait pas leur surprise en voyant des moines ripaillant autour d'une longue table comme dans un festin d'Astérix ?

Dans le zen, les vœux monastiques représentent un engagement personnel. Que vous respectiez ou non ces règles, cela vous concerne. Si l'on attend une certaine attitude des moines, vous restez le seul responsable de votre pratique, et personne ne viendra laver vos fesses après la grosse commission, pour reprendre une expression de Sawaki. Au Japon, certains moines vivent dans des petites cabanes dans la forêt, et d'autres vont en robe monastique au McDonald's. Vous devez vous débrouiller avec cette réalité, personne ne va vous expliquer comment vivre votre vie de religieux. Mais si vous cherchez à être reconnu ou loué pour vos bonnes actions, mieux vaut peut-être tout arrêter dès maintenant.

Durant mes deux années à Antai-ji, j'ai clairement pris conscience de cette impossibilité totale du respect des préceptes moraux. Quand bien même vous seriez un saint, il est inhumain de suivre l'éthique parfaitement. Le Bouddha lui-même a plusieurs fois brisé ces mêmes règles, qui furent par ailleurs codifiées après sa mort. La conduite demandée dans le zen est si haute qu'elle ne peut vous conduire qu'à l'échec.

Un jour, alors que je pelais un *daikon* dans la cuisine – sorte de large radis blanc pouvant mesurer plus de cinquante centimètres de long – pour préparer le petit-déjeuner, j'ai ressenti une profonde compassion. Le radis que je pelais venait d'une graine que nous avions plantée plusieurs mois auparavant. Le soleil, l'eau, le vent, l'humidité, la fraîcheur de la nuit, la grande unité du vivant... tout cela avait rendu ce radis unique. Nous l'avions récolté, tous ensemble, et conservé durant plusieurs semaines dans le sable, sous terre, pour éviter son pourrissement durant l'hiver. J'étais en train de peler quelque chose m'échappant complètement, comme le résultat d'un gigantesque tissu brodé de causes, de conséquences, d'événements plus ou moins coordonnés. L'action humaine ne représentait rien dans cet immense processus où la nature faisait sa part.

C'était ridicule, mais je ressentis un immense amour pour ce gros légume un peu tordu. Tout au cours de la croissance du radis, combien de mauvaises pensées avaient pu être produites au temple ? Combien de rancunes, de passions, de paroles maladroites ? Combien de rires et de moments de joie, aussi. Ce radis, peut-être avait-il été planté négligemment, sans l'attention qu'il méritait. Peut-être sa croissance avait tué des insectes ou perturbé la vie du sol. Le radis a-t-il un karma ? Le radis va-t-il atteindre l'éveil ?

Lors du *zazen*, assis sans rien faire, nous ressemblions peut-être à des radis installés sur leur butte de terre, produits par une force insaisissable. Il est impossible de contrôler le tissu des actions qui engendrent la récolte du radis, tout cela vous dépasse, tout comme il est impossible de se prémunir des mauvaises pensées qui nous traversent, de la jalousie, de la rancœur, du doute, de la crainte inutile, de la bêtise ordinaire. Un jour, vous aurez du désir sexuel, de l'alcool dans la bouche, un morceau de chair animale en vous, ou un ressentiment tout aussi mal digéré. Vous devrez alors lâcher vos grandes postures initiales, trouver une parade et avoir quelque chose à dire. Faire bonne figure, pour les autres mais surtout pour vous-même. Dans *Ainsi parlait Zarathoustra*, Nietzsche invitait chacun à imiter les vaches qui « ont inventé de ruminer et de se coucher au soleil. Aussi s'abstiennent-elles de toutes les pensées lourdes et graves qui gonflent le cœur ». Le zen commence là, dans la digestion du monde, vissé sur le coussin, face au mur, lorsque le monde des rêves et des souvenirs cesse.

En Thaïlande, certains moines contournent l'interdiction de posséder de l'argent en utilisant une carte bancaire. Moine ou non, le quotidien est parsemé de ces petites stratégies qui tentent de tourner la réalité en avantage. Dans notre école, il est souvent répété que les préceptes du moine « sont faits pour être brisés ». Non pas qu'il faille les outrepasser volontairement, mais étant irréalistes ils seront naturellement contournés. C'est par ce non-respect inévitable de l'éthique que nous revenons vers nous, vers notre faillibilité, vers notre banalité. Vivant avec un code de conduite, nous acceptons d'être faillibles et reconsidérons notre foi. Les préceptes ne sont alors plus des contraintes morales, mais ouvrent à un rapport dynamique et engagé envers la vie.

Quelques mois après mon ordination, un jeune moine du nom de Myōgen a réalisé au temple une cérémonie de confirmation de son statut monastique. Myōgen est un jeune moine allemand plutôt charismatique, dernier disciple de Muhō, particulièrement diligent, bien trop sérieux à mon goût, comme le sont souvent les Allemands, et qui après avoir réalisé sa formation à Antai-ji décida de continuer sa pratique dans un autre temple situé non loin de la mer de Seto.

Une fois ordonné, l'institution Sōtō japonaise impose aux moines une progression dans la hiérarchie monastique, et il est laissé à chaque moine entre dix et vingt ans, selon l'âge d'ordination, pour réaliser la cérémonie dite du « combat du dharma », *hossenshiki*. Sans cette cérémonie, le moine est radié des listes de l'institution, retournant au statut de *zaike*, un pratiquant laïc.

La plupart des moines formés à Antai-ji n'ont aucun intérêt pour cette cérémonie, n'ayant pas pour destin de rentrer dans les catégories abstraites de l'institution cléricale. L'important est de pratiquer le zen, non de se professionnaliser.

Vu de l'extérieur, le bouddhisme propose une certaine rupture avec les valeurs dominantes de la société moderne. En pratique, rien de plus similaire à une grosse entreprise publique que l'institution religieuse japonaise. Réunions interminables, places d'abbé à pourvoir, ouverture ou fermeture de temples, programmation touristique pour un groupe d'Américains venus faire dix minutes d'expérience méditative à Kyoto, responsabilités, ateliers, déplacements professionnels, comptes rendus… Vous pensiez devenir moine, vous voilà fonctionnaire d'une énorme machine administrative. Vous pensiez méditer sur un rocher face à l'horizon, vous voilà derrière un ordinateur. Les moines aussi ont le souci du curriculum vitae, et passer par un grand temple augmentera votre cote sur le marché zenique. Si vous êtes sage, vous aurez même vos points retraite.

Pour qui est soucieux de son avenir, *hossenshiki* est une cérémonie initiatique essentielle faisant suite à l'ordination et dont le déroulement, au-delà de cet aspect institutionnel un peu rébarbatif, est très formateur. Le rituel est beaucoup plus complexe que de simplement faire *shukke*, il s'agit pour le moine de confirmer sa vocation une nouvelle fois face à la communauté, montrant son expérience de la pratique.

Durant la cérémonie, une attention toute particulière est mise sur les déplacements du moine, sa manière de parler ou de s'incliner. Son attitude extérieure, comme la forme esthétique d'un fond spirituel remontant aux yeux de tous, constitue le sujet essentiel du rituel.

Après une longue introduction et quelques récitations conventionnelles, Myōgen se lance donc dans un « combat » qui consiste en un échange de questions et de réponses, un *mondō*, avec l'ensemble de la communauté. Les interrogations font toutes référence à un épisode du temple ou à un dilemme personnel pour les moines, et doivent amener le disciple à montrer sa confiance dans la Voie. Dans le Hondo, les autres novices portant une question sont assis aléatoirement, contribuant à la confusion mentale et physique du jeune moine qui doit répondre aux problèmes posés venant de toutes parts.

La cérémonie se déroule en hurlant. La règle exige de crier, de toutes vos forces, comme si votre vie était suspendue à l'issue de la joute verbale. Tout doit être intense, fort, rapide, sans laisser un seul silence entre les questions posées et les réponses proposées. Un torrent de hurlements. « Vous devez enseigner le Dharma non seulement à Myōgen, mais aussi aux montagnes, aux torrents, aux chevreuils, aux pruniers et aux azalées. Réveillez le monde ! C'est pour cela que les fenêtres et les portes sont ouvertes. Chaque parcelle de terre doit vibrer dans ce *mondō.* »

Une disciple ouvre ainsi le combat, posant sa question au jeune moine :

— J'ai une question ! Pourquoi ne devrait-on pas mettre du lait dans le curry à Antai-ji ?

— Dans la pratique, vous devez oublier votre attachement au goût.

— Vous dites que vous ne suivez pas votre goût ?

— Qu'est-ce que l'entraînement zen ? Tout d'abord, avant même de commencer, videz l'eau de votre tasse pleine.

— Merci !

— Merci à vous.

Un moine autre :

— J'ai une question ! Que signifie manger de la viande et tuer des animaux ? Enseignez-moi !

— Ne faites pas de différence dans le flux de la vie.

— Pourquoi devenez-vous moine alors que vous ne suivez pas les préceptes bouddhistes ?

— Suivre la doctrine parfaitement est aussi une histoire d'ego. Vous tuez les gens en étant impoli, vous tuez les objets en les abîmant, vous tuez le temps en le gaspillant. Un moine est une personne qui a de la compassion pour absolument tout !

— Je comprends.

— Les règles vous montreront que vous n'êtes pas un être infaillible.

— Merci !

— Merci à vous.

La voix d'Icchū, venue du fond du temple :

— J'ai une question ! Que signifie « devenir moine » ?

— Cela signifie épouser le bouddhisme.

— Se marier avec le bouddhisme est pour moi comme un second mariage. J'ai deux enfants. Je viens de commencer à pratiquer le bouddhisme, et il est dit que c'est une mauvaise chose d'aimer le bouddhisme et d'aimer ses enfants en même temps.

— Tout ce que vous faites en tant que moine, c'est considérer le monde comme votre enfant. Notre tradition appelle cela « avoir un vieux cœur ».

— Oui, merci.

— Arrêtez d'être satisfait de vous-même. Développez vos sentiments envers votre enfant, et élargissez-les au monde.

— Merci !

— Merci à vous.

À côté de la porte :

— Ma question est : pourquoi venir dans ce temple ? Enseignez-moi !

— Vous devriez déjà connaître la raison, votre raison.

— Mais pourquoi venir dans un lieu si isolé, dans les montagnes profondes ?

— Je ne sais pas. Être ici maintenant est la chose la plus importante. Ce que vous pouvez faire dépend uniquement de vous.

— Pourquoi dois-je rester plusieurs années au temple ?

— Vous devez exécuter les tâches quotidiennes. Puis, vous devez approfondir votre compréhension du travail et votre relation aux autres. Enfin, vous devez enseigner aux nouveaux arrivants. Cela prend du temps.

— Merci.

— Mais on ne comprend pas le zen en quelques années. Vous pouvez devenir un membre du temple rapidement, mais comprendre le zen est une tâche qui ne se termine jamais et vous accompagne dans la mort.

— Merci !

— Merci à vous.

Vers la fenêtre :

— J'ai une question ! Quel est le sens de *zazen* ?

— *Zazen* n'a pas de sens.

— Nous perdons donc 1800 heures par an à Antai-ji ?

— Cela ne veut pas dire que *zazen* n'a aucun sens. Vous perdez votre temps avec vos questions.

— Existe-t-il un moyen de faire *zazen* sans perdre son temps ?

— *Zazen* signifie que vous faites *zazen*. Au moment où vous faites *zazen*, vous devez pouvoir mourir assis, sur votre coussin.

— Je ne veux pas mourir !

— C'est parce que vous ne comprenez pas ce qu'est la vie.

— Merci !

— Merci à vous.

Face à la porte sud :

— J'ai une question ! Doit-on vivre de la mendicité jusqu'à notre mort ?

— Pourquoi êtes-vous si exigeant quant à l'avenir ? Vivre ici maintenant, c'est cela la mendicité.

— Est-ce une façon zen de traverser la vie ?

— Chaque souffle est donné, et chaque instant est donné. Votre question, ma réponse, tout cela aussi fait partie de la mendicité.

— Merci !

— Merci à vous.

Un novice collé à la droite de Myōgen, hurlant à son oreille :

— Qu'est-ce que le Vide ? Enseignez-moi !

— MUUUUUUUUUUUUU !

— Qu'est-ce qui n'est pas le Vide ?

— Il ne s'agit pas de créer une frontière entre vous et les autres. Votre esprit et votre corps sont-ils plus importants que toute autre chose dans cet univers ? Je ne pense pas.

— Merci !

— Merci à vous.

— Merci pour cette cérémonie !

— Merci pour votre effort !

5

Le chemin des montagnes

山の道

Lors des courtes nuits de printemps, alors que le temple était encore plongé dans un océan de noir flottant, drapé dans un fin vernis de givre, j'avais pour habitude de me lever quelques minutes avant le début de la méditation. Je restais dans le couloir extérieur, derrière le Hondo, en face du grand jardin. Là, mon œil pouvait scruter le ciel, je contemplais l'espace d'un instant les centaines d'étoiles libérées de toute pollution. Parfois, vers 3 heures du matin, il était possible d'apercevoir la Voie lactée, une grande robe nacrée aux éclats de jade et de cobalt venant piéger le temple par les hauteurs, comme une vague vous enroule avant de mourir dans le ressac. J'entendais les insectes qui dominaient la nuit, quelques nuages épais fouettaient la lune crémeuse et jaune, toute cette beauté semblait venir d'un univers lointain, intouchable, la vibration étrange d'un monde sans temps ni limites.

Une expression zen dit : « La pratique doit être propre. » En japonais, il n'existe qu'un même mot pour exprimer ce qui est « beau » et ce qui est « propre ». Les moines d'expérience ont souvent une posture très belle lorsqu'ils font *zazen*, et peut-être méditent-ils aussi par souci d'élégance, incarnant la beauté d'un esprit détaché des passions les plus basses. Une beauté naturelle surgit toujours d'une posture nette et harmonieuse. Voir de vieux moines en méditation m'a toujours fait penser à ces oiseaux longilignes qui abondent dans les estampes japonaises, traversant le ciel sans bruit ni traces.

« Vous devez méditer comme un oiseau et une montagne, être léger, détendu, joyeux tout en restant confiant, stable, enraciné et serein », ai-je souvent entendu. En réalité, un artiste n'est pas si différent d'un moine. Contrairement à ce que l'on pourrait penser, la méditation zen ne conduit pas à la stricte immobilité. Bien que ne se déplaçant pas, notre corps continue de bouger, nous respirons, nous ajustons notre nuque, la douleur provoque parfois un réflexe au niveau des pieds, nos yeux se ferment ou s'ouvrent un peu trop, nos doigts se tendent ou se relâchent.

Tous ces petits réajustements plus ou moins conscients concourent à une posture correcte, à la manière d'un peintre qui, par des touches de couleur posées ici et là, viendrait orienter l'œuvre. Par de subtiles interventions que le spectateur ne remarquera sans doute jamais, l'artiste aussi tente d'approcher une vérité qui toujours lui échappe, passant sa vie à tourner autour d'un même point ineffable, essayant de capter l'impossible couleur d'une pomme ou la texture d'un ciel.

Comme l'artiste, le moine ne commente pas sa méditation, disait un ancien maître. Une fois sorti de son heure de recueillement, aspirant peut-être à une certaine exigence esthétique répondant à la justesse intérieure, il chemine *vers*, ne statuant jamais sur les sentiments qu'il traverse. Cette quête en discrétion, je crois, répond à ce dont je suis aujourd'hui persuadé : la pratique religieuse est tout entière une Voie vers la beauté.

Au temple, lorsque les sangliers venaient la nuit piétiner le jardin entourant le Hondo, nous laissions les empreintes intactes, sans rien nettoyer ni balayer. Lorsque les fleurs tombaient des vases à offrande, nous les laissions faner et se recroqueviller. Lorsque le papier *washi* s'abîmait sous l'effet du vent, nous conservions précieusement les aspérités provoquées, comme une relique du temps qui passe. « C'est si zen », disent les Japonais en voyant quelques aiguilles de pin tomber dans un étang. Je ne saurais dire si ces micro-événements sont ou non « zen », mais il est certain que ces prises de conscience s'égrainant dans le quotidien donnent, à elles toutes, une saveur différente à l'existence ordinaire.

Lorsque j'étais étudiant à Paris, je passais systématiquement tous mes étés à la montagne, faisant de longues randonnées dans les Alpes ou les Pyrénées sur plusieurs semaines. Je m'échappais entre cols et sommets, uniquement muni d'une tente, de raisins secs et d'un carnet de notes, passant l'été ainsi dans ce qui pour moi représentait la plus stricte définition du bonheur. Un paradis à quelques heures de train.

Mon amour pour les reliefs, notamment pour cette incroyable région du Queyras, m'a poussé à terminer mes études de géographie urbaine à la Sorbonne plus rapidement que prévu, pour intégrer un cursus universitaire à Grenoble, la « capitale des Alpes ». Je me rappelle avoir choisi mon appartement étudiant sur un unique critère : la vue sur la montagne. Une niche au dernier étage d'un immeuble ancien dont le plancher lui-même était vallonné. Tout était cohérent. Je dormais à même le sol dans une petite pièce à l'isolation douteuse, tout était vieux et humide, mais s'élevait en face de moi le massif du Vercors, le territoire des loups, la Dent de Crolles et le Grand Veymont.

Le matin, je me rendais à l'université, et les cours terminés je partais skier ou faire de l'escalade. Le week-end, j'explorais le massif de la Chartreuse, les Écrins ou les Cerces, parfois le nord de l'Italie. La montagne, mon premier maître. Auprès d'elle, j'ai appris l'effort simple et répété, la solitude, l'introspection, l'autonomie. Rejoindre un refuge et retrouver par hasard des amis, boire un verre de chartreuse et vite se coucher sous un vent froid et assassin, se lever à 4 heures du matin pour rejoindre le tramway et se rendre à la fac, vivant ainsi entre le monde des hommes et celui du silence. Il m'arrive encore certaines nuits de rêver du plateau d'Emparis ou des forêts de l'Oisans. Côtoyer l'immense beauté des Alpes, qui plus est en marchant, m'a initié au sentiment religieux, et je me demande parfois si ma présence aujourd'hui au Japon, pays recouvert à presque 80 % de massifs montagneux, ne vient pas de cette expérience initiatique première.

D'une manière un peu floue, sans bien pouvoir l'expliquer, je pense aujourd'hui que le sentiment esthétique est à la racine de la foi. Peut-être même l'appel vers le Beau, comme une transcendance quelque peu païenne et instinctive, précède le sentiment religieux dans le cœur des hommes. Ce que l'on ressent en levant la tête vers un tapis d'étoiles, observant un feu brûler ou traversant une prairie en fleurs, tout cela donne à la vie sa saveur. En haut des cimes japonaises se trouvent des statues du Bouddha, dans les hauteurs des montagnes italiennes se dressent des croix, et cela n'est certainement pas un hasard.

Lors d'un dilemme à éclaircir, à la question de savoir si une chose est efficace, pratique, logique ou cohérente, nous devrions toujours et en première instance nous demander si elle conduit vers la beauté. Dans cette beauté se niche toujours la possibilité d'un lien avec le monde, un chemin vers l'intériorité. Pourquoi la mer est-elle belle ? Il ne sert à rien de croire dans la beauté, cette dernière s'impose toujours à nous, nous capturant comme un poisson sorti de sa torpeur par un coup de filet.

La beauté également permet à la foi de se fixer dans le monde, et il n'est pas étonnant de constater que la chute du monde moderne vers la laideur correspond à une sécularisation planétaire des religions, une perte lente et progressive du sentiment de l'inconditionné.

Une statue difforme et mal taillée d'un Bouddha posée négligemment dans un temple n'aurait jamais permis de propager la doctrine. Si le bouddhisme est aujourd'hui une religion mondiale, c'est aussi et surtout grâce à son art. Il n'existe d'ailleurs aucun courant religieux majeur qui ait négligé cette question centrale de la beauté, et il suffit d'entrer dans une mosquée traditionnelle, un temple hindou ou une cathédrale gothique pour être saisi au-delà même des mots. J'ose croire que le degré de subtilité d'une religion pourrait être évalué sur ce seul critère esthétique.

Durant ces deux années au temple, je n'ai cessé de m'émerveiller pour cette nature qui m'entourait, une nature pleine de vie et de signes semblant m'indiquer où poser mon esprit trop souvent dispersé. Bien que minuscule comparé aux grandes structures monastiques de Kyoto, Antai-ji est un temple particulièrement élégant, une taille simple et rustique, minimaliste comme un petit voilier, tout peint de noir et blanc, coiffé de tuiles abîmées et brisées, entouré de pruniers, d'azalées bleu azur et d'érables aux branches enlacées. Devant le temple, un immense escalier de pierre monte vers le ciel, encadré de cèdres droits et stoïques. Au loin, une montagne aux lignes cassées et inégales. Vivre dans un tel endroit, c'est certain, aide à pratiquer.

J'ai passé beaucoup de temps dans cette forêt escarpée entourant le temple. Pour y couper du bois d'abord, y récolter des herbes ou des champignons, vérifier l'écoulement de la rivière qui alimente les rizières ou éviter les chutes de pierres avant un typhon, mais j'aimais également m'y perdre ne serait-ce que quelques instants, baigner ma tête dans la clarté filtrée par les pins visant l'au-delà du ciel, comme les flèches des cathédrales cherchent à tout dépasser.

La forêt aussi est une cathédrale, un temple aux mille chemins où l'esprit enfin respire, où chaque mousse et chaque fougère possède son langage et son monde. Les moines japonais ont souvent tissé une relation intime avec les bois et les montagnes, et il existe une longue tradition de pratiquants préférant passer des heures contre un arbre plutôt que de méditer à l'abri du vent dans l'espace clos aux tatamis parfaitement balayés. À Kyoto, il existe même une cartographie localisant dans la montagne les *zazen seki*, les « pierres à *zazen* », où les grands moines avaient pour habitude de poser leurs fesses pour méditer.

Au Japon, une simple randonnée vous ramène vers la quête religieuse. Terrain de recueillement, d'ermitage ou de pèlerinage, ici un rocher représentant un bouddha, là un portique shinto précédant l'entrée vers un petit étang, un cimetière ou la ruine d'un ancien temple avalé par les lierres... Vous pourrez y voir passer les adeptes du bouddhisme Tendai, ces moines ésotériques venant du Mont Hiei pratiquant le *Kaihōgyō*, une marche méditative et ritualisée de mille jours répartis sur sept années...

Je ne saurais dire pourquoi ce zen buissonnier me touche tant. Le matin, la brume entourant d'une fumée d'eau les troncs centenaires aux allures de grands-pères ressemble à l'encens du temple, les feuilles palpitent, les oiseaux aussi semblent se recueillir dans les clairières ; puis le soleil monte et avec lui la profondeur d'un vert intense et nuancé se met au jour, la forêt tout entière semble réciter l'unique et seul soutra de la vie dont les couleurs bientôt coiffées d'étoiles donneront à cet autel hirsute et luxuriant un repos mérité dans le secret nocturne.

La langue japonaise regorge d'onomatopées imitant les bruits de la nature, cette dernière ne pouvant être définie autrement. *Moku moku* pour désigner la forme cotonneuse de la fumée qui monte, *saya saya* pour signifier le bruissement des feuilles dans le vent. Rien ne sert d'expliquer, un son suffit pour susciter l'image. De même les centaines de « mots de saison » déployant dans l'esprit comme une fresque mentale, de la brume du matin de printemps (*kasumi*) à la couleur brillante des feuilles de l'automne (*terimomiji*), passant par cette lumière filtrée par les feuillages au milieu d'une forêt (*komorebi*).

Par son contact avec la civilisation chinoise, le zen a retenu une grande sensibilité envers le vivant qui est loué en poèmes, en calligraphies ou en sculptures. La nature est un grand livre dans lequel le pratiquant circule, comme un vaste et gigantesque soutra duquel il faudrait tirer un enseignement, tout est sermon et les oiseaux, les feuilles, les rivières prêchent ensemble la Loi du Bouddha.

Mais, de ma trop courte expérience, je crois cependant pouvoir dire qu'une vie trop « naturelle » conduit souvent à suivre ses désirs les plus superficiels. Aussi, j'ai tendance à me garder d'un enseignement invitant à suivre l'instinct. Le bouddhisme n'est pas une religion de la sensation, comme certains aiment parfois le présenter, il assume au contraire, par sa pratique et son enseignement, une manière de vivre totalement dénaturée, loin des désirs premiers qui apparaissent directement à la conscience, loin de ce qui est automatique et directement donné chez l'homme. Arrêter toute activité pour s'asseoir sur un coussin durant des heures, est-ce bien naturel ? Un temple, une liturgie, un enseignement basé sur une cosmogonie complexe, un *kesa* comme robe de moine, un bol laqué pour manger et mendier, tout cela est-il vraiment naturel ?

Méditer dans une forêt ou au milieu d'une autoroute ne change donc fondamentalement rien au problème de l'Éveil. Au bord d'une rivière, dans une grotte, dans un appartement parisien ou au milieu de Mexico, la nuit, le jour, *zazen* reste *zazen*, le *Soutra du Lotus* reste le *Soutra du Lotus*. Mais il est vrai que l'environnement naturel permet à l'esprit de se calmer plus rapidement, ouvre des portes et contourne les obstacles. Dans toutes les traditions, les ermites s'arrangent toujours pour être entourés de beauté, et ce seul détail devrait nous faire réfléchir sur la possibilité de sainteté à l'intérieur d'une métropole.

Lorsque nous sommes enfants, notre esprit est comme une éponge, nous assimilons le monde où chaque chose est digne d'intérêt. Il suffit de voir un petit être s'amuser avec un caillou au bord d'une route, un papier, un stylo, tout semble propice au jeu, à l'étonnement. Peut-être l'enfant est-il simplement étonné de vivre, s'ouvrant au monde pour la première fois. Un adulte arborant un bonnet de lutin mal découpé suffit pour projeter l'enfant dans un monde féerique, vivant le jeu avec tout le sérieux du monde.

Devenus adultes et matures, alors confrontés à la routine quotidienne, nous cherchons du *sens* à nos actes, et de ce tumulte existentiel surgit souvent une expérience marquante avec la beauté, qu'il s'agisse d'un paysage, d'une peinture, d'une musique, d'un visage, d'une parole. Nous comprenons alors intuitivement qu'il existe un dessous des apparences, un « plus » que la simple surface des choses, un « tout autre » à explorer. Mon ancien professeur de philosophie, le théologien orthodoxe Bertrand Vergely, disait de l'émerveillement qu'il était une « angoisse accomplie ». Cette belle formule résume parfaitement l'état qui m'a poussé, je crois, vers les temples zen. Dans l'expérience de la beauté, nous revenons à l'état originel de la vie, à cette disponibilité envers le monde que nous avions étant enfants, ce *kimyo* dont parlait Uchiyama. Une beauté qui percute tout, qui dérange l'engourdissement d'esprit et libère la vie comme un jeu de jazz reconfigure le temps, rayonnant sans distinctions ni limites.

6

Arranger l'esprit

心を調える

— Tōzan…

— Oui ?

— Tōzan…

— Un problème ?

— Sois attentif ! Regarde ce que tu fais ! Reviens parmi nous ! Ton esprit s'égare !

— Je lave l'évier, qu'est-ce qui se passe ?

— Ce n'est pas la bonne éponge.

— Hein ?

— L'éponge !

— Quoi ?

— Tu utilises l'éponge verte, ça n'a aucun sens pour laver l'évier. Réfléchis !

— Aaaahhhh, elle était dans le bac à éponges, j'ai simplement saisi la première.

— Tu as pris l'éponge verte parce qu'elle était proche de toi. C'est confortable. Le confort est l'inverse du zen. S'il y a plusieurs éponges, c'est qu'il y a une raison. Chaque chose a une place. Réfléchis !

— Désolé…

— Agis !

— Voilà, j'ai remis l'éponge, je prends celle-ci, la grosse en métal, c'est parfait pour laver les grands éviers.

— Tu n'as rien compris au zen.

— Hein ?

— Cette éponge est usée, tu dois l'utiliser pour les bacs qui servent à faire fermenter les *tsukemono*, ou pour laver les bancs à l'extérieur de la cuisine. Jamais l'évier en pierre !

— Pardon… Je ne savais pas.

— Ne pas savoir n'est pas une excuse. Tu dois développer tes sens, apprendre par le corps, là tu ne comprends rien ! Agis !

— Cette éponge me convient parfaitement pour laver l'évier…

— Le zen n'est pas à propos de toi.

— Pas la peine de s'énerver pour une éponge.

— Tu dois pratiquer pour la pratique elle-même, il n'est pas question d'éponge ici !

— Bon, je vais prendre l'éponge *tawashi*, elle est parfaite pour laver les rebords de l'évier. Ça ira ?

— Fais comme tu veux. Tu es responsable de ta pratique.

— Oui, mais si je ne prends pas la bonne éponge, il y aura un problème…

— En effet…

— Mais qu'est-ce que c'est que ce bordel encore ? Ça n'a aucun sens.

— Les règles ne sont pas suivies parce qu'elles ont un sens. Tu dois faire ce qui est juste, au moment juste, avec l'attention juste. La question du sens est une perte de temps. Regarde, tu as oublié de reposer l'éponge dans son bac avant de prendre la nouvelle.

— Tout ça, ce ne sont que des mots, au final tu veux simplement que j'utilise l'éponge que tu souhaites. C'est de la maniaquerie !

— L'évier est encore sale.

— C'est vrai.

— De rien.

Chaque matin, après le repas, nous lavons le temple. D'abord, nous balayons les couloirs. Puis, nous épongeons le sol en bois. Positionnés au bout d'un des longs corridors, nous posons nos deux mains bien à plat sur le torchon servant de serpillière, puis nous avançons, à quatre pattes, les genoux ne touchant pas le sol, en allant le plus vite possible. Une fois arrivés au bout du couloir, nous retournons le tissu et repartons dans l'autre sens, afin de nettoyer le restant du couloir. Généralement, quatre allers retours d'un bout à l'autre suffisent à laver l'ensemble. Cette technique est typique des temples zen, et beaucoup de Japonais l'imitent pour nettoyer de grandes surfaces. C'est aussi parfois comme cela que les enfants japonais lavent leur salle de classe.

Alors que la majorité des moines nettoient les couloirs, d'autres novices brossent et essuient les tatamis de la salle d'entretiens, ainsi que le *hiroma* où nous prenons les repas. Nous lavons également le *ofuro*, le bain, ainsi que chaque toilette. L'abbesse elle aussi participe à toutes les tâches avec nous, et obéit aux consignes du responsable du ménage. Une fois les bâtiments annexes terminés, nous nous attaquons au Hondo.

D'abord, l'intérieur. Chaque *tatami* est balayé, chaque fenêtre nettoyée, l'autel du Bouddha est épousseté, nous aérons les *zabuton* et les *zafu*, les grands et les petits coussins de méditation, pour éviter qu'ils ne s'imprègnent de poussière. Puis, nous astiquons la partie extérieure du temple. Chaque petit morceau de bois est soigneusement lavé. Une fois le Hondo propre, nous changeons les petits bols remplis d'eau fraîche, déposés en offrande au Bouddha. Nous coupons des fleurs aux alentours du temple, et les déposons dans deux vases à la droite et à la gauche du Bouddha, avant de nous prosterner trois fois devant la statue. Nous nettoyons enfin la bibliothèque, les allées entourant le bâtiment, le *genkan,* le vestibule. Si le temps le permet, nous aérons les futons sur le toit.

Si ce nettoyage régulier est le quotidien du temple, nous faisons chaque mois le *O-soji*, littéralement le « grand nettoyage ». Au Japon, il est d'usage de faire ce grand ménage de printemps une fois par an, autant dans sa propre maison que dans les entreprises, les restaurants, les écoles. C'est un événement important, et une journée entière y est consacrée. Ainsi, nous nettoyons les cheminées, les fenêtres, nous dévissons les meubles et nettoyons toute la cuisine et ses dépendances, le Hondo est particulièrement ausculté, chaque étagère est inspectée, chaque résidu d'encens est traqué. Nous nettoyons également le long canal qui entoure l'ensemble du temple et qui sert à drainer les eaux de pluie. Évidemment, le jardin zen est désherbé et les lignes qui forment les vagues autour des grosses pierres sont tracées au râteau.

Dans le zen, l'acte de laver ou de ranger n'a rien à voir avec un hygiénisme pathologique. Dans tous les temples, les moines passent des heures à laver le sol, essuyer les poutres, frotter les tatamis. À chaque fin de repas, un temps particulier est pris pour laver entièrement nos bols avec des *tsukemono.* Une fois le repas englouti, nous prenons une tranche de légume fermenté avec nos baguettes et essuyons notre bol avec, comme du pain viendrait essuyer une assiette, puis nous rinçons le tout à l'eau chaude. Chaque objet utilisé doit être propre après usage, toujours bien rangé. Comme on le dit souvent, c'est à la manière de laver son bol que l'on reconnaît la qualité d'esprit du moine.

Avant même de parler de révolution intérieure ou de bouleversements sociaux, il faut savoir laver correctement ses affaires. Changer la société passe par une attention à l'ordinaire, dans lequel tout s'enracine. Lors de mon arrivée au temple, l'une de mes premières tâches fut de laver les toilettes et de transporter l'urine des moines, stockée dans une petite cuve située sous le temple, vers le potager afin de servir d'engrais naturel. Vous pouvez avoir des idées arrêtées sur le zen et les vertus philosophiques du bouddhisme, rappelez-vous que la pratique commence par les choses évidentes : il n'y aura personne pour laver votre caca.

Beaucoup de pratiquants aiment citer les grands poèmes de Ryōkan ou de Bashō, les textes elliptiques chinois et les passages les plus difficiles de Dōgen, mais font-ils correctement la vaisselle après avoir mangé ? Beaucoup d'hommes politiques ambitionnent de gérer un pays, de réaliser de grandes réformes, mais sont-ils seulement capables de plier correctement leurs vêtements ?

Dans la vie zen, nous aspirons à fusionner avec les tâches quotidiennes, nous les épousons et les suivons comme on suit un maître, oubliant toutes ces petites habitudes qui nous confineraient à la facilité du confort immédiat. L'idée même de tâche « ingrate » n'a pas cours. Nous n'avons pas de femme de ménage pour nous assister, et il serait intolérable de laisser s'entasser la vaisselle dans l'évier du temple. Loin de l'esthétisme littéraire ou de la flamboyance des expériences mystiques, le zen force à revenir à la chose élémentaire, faisant d'elle le véritable territoire du sacré, transformant la banalité en miracle.

Il est facile d'oublier que la religion parle essentiellement de cette vie quotidienne, qu'elle questionne d'abord notre art de vivre. Le ménage peut être très éprouvant physiquement, mais nous ne cherchons pas simplement à entretenir notre corps, et il n'est jamais question ici de la préservation du patrimoine. Le ménage n'est ni une corvée ni un exercice physique, mais un moyen de communier.

Un jour, alors que nous étions tous réunis pour boire le thé du soir, un novice demanda au maître s'il pouvait prendre la parole.

— J'aimerais faire une demande concernant l'organisation du temple.

— Nous vous écoutons.

— Chaque matin, nous lavons le temple, et cela nous prend du temps. Nous consacrons même des journées entières à laver, nettoyer, ranger, classer. Nous enlevons tous les objets des placards, nous lavons le placard, nous reposons chaque objet à sa place initiale, alors que le placard était propre auparavant. Il est difficile de savoir combien de temps nous passons à laver les pièces du temple chaque année, mais c'est certainement un temps très important, que nous pourrions mieux utiliser. Tout le monde ici est respectueux, et l'espace de vie n'est pas vraiment sale. Je propose donc de ne pas nettoyer systématiquement le temple, par exemple un grand nettoyage une fois tous les cinq jours me semble suffisant. Nous pourrions utiliser ce temps pour allonger les périodes de méditation du matin, ou remplacer les journées de ménage par des journées complètes de recueillement en *zazen*. Merci de m'avoir écouté.

L'abbesse laissa le silence s'installer.

— Je vois. Tout d'abord, ce temple n'est pas notre maison, nous en sommes les hôtes et nous devons l'entretenir pour la communauté et les visiteurs de passage, c'est justement parce que nous le lavons systématiquement chaque jour que rien n'y est sale. Mais il y a une erreur plus lourde dans votre jugement. Nous ne faisons pas le ménage pour que cela soit propre. Lorsque nous lavons, nous lavons, lorsque nous méditons, nous méditons, et il n'y a là aucune différence. Distinguer le ménage et la méditation, c'est faire du temple une école, où vous passez du cours de mathématique au cours d'histoire, enchaînant les tâches à faire et les activités programmées. Mais nous ne sommes pas là pour nous amuser, pour travailler ou pour étudier. Nous sommes au temple pour vivre, et c'est cela que vous devez avoir à l'esprit. Si vous êtes venu dans un endroit où la pratique zen est si exigeante, c'est justement pour unifier votre vie. Pourquoi êtes-vous venu ici ? Pourquoi êtes-vous encore ici ? La prochaine fois, avant de demander un nouvel emploi du temps, approfondissez votre pratique.

L'abbesse nous disait souvent du *sōji* qu'il était une extension du *zazen*. Tout comme la méditation, il est très facile de faire le ménage une fois par semaine, de temps en temps. Ce moment devenant un moment spécial et prévu, votre esprit sera certainement concentré sur la tâche à faire. Vous sortez de votre quotidien pour vous atteler à la tâche, pour vous asseoir sur un coussin ou pour faire un grand rangement, le désordre ayant trop duré. Mais lorsque vous faites chaque jour de votre vie le ménage, que vous passez des heures à laver un plancher déjà propre, la question du sens de votre action vous apparaîtra naturellement à l'esprit. Pourquoi méditer quinze heures par jour ? Pourquoi frotter quotidiennement les grosses poutres de bois noir qui entourent le Hondo comme un immense boa viendrait étouffer sa proie ? Une pratique répétée, quotidienne, vous place face à la question fondamentale de l'ennui. Pour quoi faire ? Pourquoi encore s'asseoir sur le maudit coussin ? Pourquoi encore laver ce fichu plancher ?

J'ai souvent été confronté à ces obstacles de non-sens, voulant arrêter la pratique, quitter le temple et toute sa routine délirante. Les premiers mois, c'est certain, tout est neuf, beau et nouveau, comme la rencontre amoureuse entourée du charme et du mystère, mais ensuite, à force de répéter sans cesse les mêmes journées, la lassitude et les mauvaises habitudes se manifestent à vous. C'est pourquoi il est courant de voir des novices ou des laïcs entrer au temple, et abandonner la pratique dans les six mois, ayant l'impression qu'ils ont tout vu, tout compris, qu'ils peuvent désormais « passer à autre chose ».

Et pourtant. C'est lorsque les pensées ont le temps de décanter que les choses du cœur se dévoilent. C'est lorsque les espaces intérieurs sont laissés à leur dimanche et à leur repos que les idées extérieures surgissent. C'est précisément au moment où cela « ne fait plus sens » que vous touchez au fondamental.

Alors soudain, votre vie vous semblera dépouillée de tout, marquée par le sceau du néant et de l'égarement, vous chercherez, agité, les raisons qui vous ont poussé ici, au Japon ou ailleurs, dans un petit temple avec des gens dont vous ignorez presque tout, habillé d'une simple robe noire aux coutures étranges. Votre esprit sera capturé dans la confusion comme un insecte convulse dans une toile d'araignée, avant l'épuisement et la mort.

Le ménage, le *zazen*, les cérémonies, tout cela fatigue l'esprit, épuise la voix en vous suggérant de faire autrement, de reporter les choses, d'ajourner l'inconfort. Cette voix gonflée d'espérance qui tisse une histoire dans votre esprit, comme une autre version de la réalité, plus attirante, plus enviable. Et chacun aime les belles histoires, les images d'Épinal de moines indifférents aux tensions intérieures, détachés des passions du monde, de la frustration ou de la bêtise. On ne parlera pas de la fatigue qui, durant *zazen*, vous attire vers le sommeil, de l'échec qui ponctue la vie religieuse, de cette envie de prendre des vacances ou des moments de pause, et l'on préférera évoquer le portrait du moine empli de compassion et d'amour, sage et libéré des afflictions. Mais ces moines, malheureusement ou non, n'existent pas.

La vertu du rangement tient avant tout dans sa répétition. Si l'on est réellement attentif chaque jour, le ménage nous enseigne à lustrer nos émotions. En astiquant le sol, nous effaçons aussi les poussières de l'esprit. Remettre une chose bien propre à sa place, c'est aussi réparer quelque chose, contribuer à une forme d'harmonie.

Ne pas déranger, ne pas s'étaler. En japonais, nous utilisons le terme *totonoeru* pour décrire le rangement. Ce mot polysémique évoque à la fois l'organisation, l'ajustement, la mise en ordre, et est souvent associé à l'arrangement du cœur, au tri des émotions, *kokoro wo totonoeru*. Chaque jour, nous répétons les mêmes gestes, lavons les mêmes objets. Et chaque jour, il nous faut nettoyer le temple avec la même énergie, ne pas laver « à peu près », ne pas négliger certains endroits par commodité. Vous êtes seul devant ce parquet déjà brillant, et vous pourriez reporter le ménage au lendemain. Et pourtant, vous lavez. Il est parfois bon de ne pas trop s'écouter.

L'expression *sennō*, signifiant littéralement « lavage de cerveau », vient d'une vieille formule taoïste et signifie dans le monde bouddhiste « le dépouillement du cœur et de l'esprit, le désencombrement de l'ego ». Dans la pratique de la Voie, il faut se laver, retrouver l'état primitif de la page blanche, s'effacer continuellement face à la répétition du quotidien. Avant de verser du thé dans une coupe, celle-ci doit être vidée. Dans le zen, nous consentons donc à un lavage de cerveau, au sens le plus traditionnel du terme.

Lorsque nous ordonnons notre espace de vie, nous sommes également amenés à tisser des relations avec les objets. Le soir, après le *zazen*, nous passons parfois des heures à raccommoder nos robes de moines ou nos vêtements pour l'extérieur. Nous réparons aussi les outils que nous utilisons. Dans le quotidien du temple, chaque objet est traité avec égard. Un jour, alors affecté aux cuisines, j'ai accidentellement cassé un petit pot en verre utilisé pour mélanger des sauces. À la fin de la journée, j'ai dû présenter mes excuses publiquement devant la communauté, justifiant de l'état d'esprit qui était le mien et expliquant comment je pensais réparer cette inattention.

Il n'y a aucune différence entre insulter une personne et briser un objet. Lorsque vous oubliez de fermer un placard, qu'un verre vous échappe des mains, cela n'est en rien dramatique, mais peut signifier un trop-plein émotif. Le précepte monastique « ne pas tuer » doit également être entendu en ce sens, il concerne aussi les objets, les mots, l'attention que l'on apporte au monde de l'immédiate proximité. Lorsque le bocal à sauce s'est échappé de mes mains pour se briser sur le sol, j'ai réellement ressenti de la peine pour le bocal, et je me suis senti profondément touché. Si la même chose était arrivée dans ma cuisine en France alors que j'étais étudiant, j'aurais certainement balayé les éclats de verre en râlant.

Aujourd'hui encore, je me souviens précisément de toutes les inattentions, les petites négligences dont j'ai été coupable envers les objets que j'ai essuyés, lavés, rangés au temple. Cela peut sembler ridicule, mais combien de personnes agissent réellement en harmonie avec les objets qui les entourent? Je suis bien trop négligent, bien trop tête en l'air pour ici donner une quelconque leçon, mais ce souci du monde me semble un bel horizon vers lequel orienter sa vie.

Lorsque je suis rentré en France après mes années au temple, cela faisait presque quatre ans et demi que je n'avais pas vu ma famille et mes amis, et j'avais oublié quelques caractéristiques bien françaises. Je me souviens avoir été choqué par l'immense violence avec laquelle mes proches traitaient les objets. Les portes étaient claquées, les serviettes mal étendues, il y avait systématiquement des miettes sur la table, les chaussures étaient négligemment entassées au même endroit. Le sol parisien était couvert de mégots, la ville de Lyon m'est apparue comme un tas de graffitis, et tout le monde parlait affreusement fort.

Cela ne pose aucun problème en soi, et j'ai été heureux de retrouver le côté latin, râleur et négligent de mes compatriotes. Mais j'ai également mesuré à quel point beaucoup de Français semblaient préoccupés par eux-mêmes, par un petit confort personnel direct et immédiat, sans se soucier de ce qui se trouvait autour d'eux à l'instant présent.

On dit parfois que le Japon est la planète la plus proche de la Terre, ce qui n'est pas si loin de la vérité. Le pays est truffé de contradictions et les relations sociales semblent évoluer dans des lois physiques dépassant souvent toute logique. Cependant, évoluant dans une gare bondée, vous ne vous ferez pas marcher sur les pieds et il y a peu de chances que l'on vous bouscule. À Kyoto, les Japonais taillent eux-mêmes les arbustes des parcs, ils nettoient les quelques déchets qui pourraient s'entasser dans la rivière, ils balaient les espaces publics de leur quartier et entretiennent le petit patrimoine qui les entoure sans demander leur compte. Personne n'attend les services de la ville pour arranger les rues. Cette culture de l'espace public serait à nuancer, et il ne faudrait pas oublier le manque profond de considération pour les espaces naturels, chaque forêt bien à l'abri des regards du voisinage ayant désormais sa décharge sauvage et ses kilos de déchets en tout genre.

Mais de tout cela, une question nous est posée. Comment habitons-nous le monde ? « Habiter », ce n'est pas seulement loger dans un espace répondant à une fonction purement résidentielle. « Habiter », tout comme « l'habit » porté signifie plus que son aspect pratique, cela implique de faire sien un milieu, de l'entretenir, de lier une connexion invisible pourtant bien réelle avec lui. Être dans une véritable intimité avec des tasses, des tables, des coussins, des poutres ou des escaliers.

Que vous soyez seul ou non dans votre maison, vous vivez toujours en colocation avec des objets. Nos maisons sont aujourd'hui remplies de bibelots et machines négligées par le temps et dont le seul mérite est de nous rendre la vie plus simple. Voilà donc comment nous considérons ce que nous jugeons dépourvu d'âme, les choses sans mouvements ni aura. Loin de cultiver un matérialisme binaire, l'art zen du ménage nous apprend au contraire à considérer la présence des objets en dehors de leur pur caractère utilitaire, les faisant coexister avec nous.

À l'origine, le seuil permettant de se déchausser avant d'entrer dans une maison japonaise, le *genkan,* était un espace spécifique aux temples zen servant de séparation entre le monde de la rue, le monde profane des illusions, et le monde spirituel et sacré du temple où l'enseignement du Bouddha était dispensé. Aujourd'hui, toutes les maisons japonaises, modernes ou non, disposent de ce petit espace pour déposer les chaussures. Si ce geste est culturellement intégré, les Japonais demeurent très attentifs à la manière dont vous rangez vos chaussures dans l'entrée. En voyant l'état d'un *genkan*, vous pouvez déjà en savoir beaucoup sur l'esprit qui règne dans un logement.

Lors d'événements du temple ouverts au public, nous avions l'habitude de coller des affichettes sur la porte menant aux toilettes ou sur les accès à l'extérieur afin de rappeler aux visiteurs qu'il fallait aligner les chaussons dans le *genkan*. Japonais ou étrangers, cette consigne était rarement respectée au-delà du premier jour.

Une fois par an, les pratiquants laïcs rattachés au temple sont également conviés à participer à une longue session de méditation. Si tous arrivent généralement à méditer correctement et à traverser des dizaines d'heures assis bien droits sur un coussin, peu d'entre eux pensent à éteindre la lumière en sortant des toilettes ou à fermer correctement les portes. Méditer pour fuir les bruits du monde est tentant, et rien de plus simple que de s'enfermer dans son petit recueillement privé. Enfin seul, enfin calme, enfin détendu. Pourtant le zen nous apprend au contraire à nous ouvrir, à nous oublier pour nous permettre une connexion directe avec le monde. Voir autre chose que « soi », et enfin considérer la porte, la fenêtre, le tapis, la cuillère ou la lampe comme eux aussi porteurs d'un lointain appel, comme habités d'une transcendance proche de l'état méditatif.

Le premier acte du moine au réveil, avant même de méditer, est de plier son futon, de ranger et nettoyer totalement l'espace où il a dormi, ne laissant qu'un tatami vide derrière lui. Après avoir mangé, nous lavons nos bols. Lorsque nous cuisinons, nous calculons très précisément les portions que nous servons. Les déchets plastiques font l'objet d'un tri très rigoureux, les déchets organiques sont réutilisés et nous cuisinons quotidiennement les épluchures des légumes. Les pièces des bâtiments, comme pour mieux se régénérer, sont systématiquement aérées. Chaque objet usé par les années est si possible recyclé ou réutilisé. Tout cela n'a rien à voir avec une quelconque prise de conscience écologique. La raison à cette attitude tient dans l'évidence qu'à chaque chose une place correspond.

Si vous vous rendez dans un jardin zen, vous verrez que tout y est parfaitement net, que les branches sont finement taillées, que les couleurs et les formes s'agencent grâce à la maîtrise complète des jardiniers. À cela, il n'y a rien de naturel ou de hasardeux. Et pourtant, d'une manière presque inexplicable, une grande sérénité se dégage de celui qui contemple ces quelques roches simplement posées sur cet océan doux de graviers gris. Bien souvent, de l'ordre naît le calme. Si vous vous asseyez face au jardin pour observer les pins, les roches et les mousses, petit à petit, votre cœur se tempérera de lui-même, s'ordonnera à l'image du spectacle vous faisant face. Vous n'aurez rien à faire, rien à décrypter, rien à comprendre. Votre cœur, en symbiose avec son milieu, s'harmonisera, comme on laisse tomber au fond d'un verre les résidus amers d'un thé mal filtré. Alors ne s'échappera à la surface de votre être qu'un parfum de sérénité et de douceur, l'amertume de votre esprit cessant d'être agitée par le chaos du monde. Dans le ménage, nous touchons à ce type de vérité authentique, *shojin* en japonais, la diligence, l'esprit d'assiduité et d'entrain sans cesse renouvelé. De cette énergie sincère et absolue provient l'un des secrets d'une vie zen.

7

Si vous jetez une pierre...

石を投げれば

3h30. Nous sommes réveillés par la lourde frappe d'un marteau en cèdre, s'écrasant sur la cloche principale. Dans le matin noir, les murs de papier et de bois vibrent doucement, un monde s'éveille. Comme une armée de renonçants, nous plions nos futons, rangeons sur la petite étagère le strict nécessaire à la vie frugale des lieux d'ascèse.

Ce matin, la méditation a été annulée. Pas de ménage, pas de récitation, aucun repas. À peine levés, nous enfilons rapidement nos kimonos et *kolomo*, récupérons les *ajirogasa*, chapeaux de paille évasés qui empêchent de distinguer le visage, un moine s'identifiant d'abord par son absence de traces.

Nous sortons du temple sous une légère pluie donnant à la nuit mourante un aspect rassurant. En file indienne, nous marchons vers le monde. Pour rejoindre Kyoto, Osaka et Kobe, villes où chacun ira réciter le plus célèbre des soutras du bouddhisme d'Extrême-Orient, l'*Hannya Shingyō*, le *Soutra du Cœur*. Durant plusieurs jours, nos gestes se fondront dans les mots des écritures, nos esprits s'accorderont aux psalmodies atones. « Ne faire qu'un avec le soutra », voilà les derniers mots d'Ekō avant le départ. Il est écrit dans le *Nyoraizenshin* de Dōgen que « les soutras sont le corps total du Tathagata ». Devenir Bouddha par la lettre, faire de son corps un élément du rite, s'oublier dans la récitation. *Datsu raku shi jin*, abandonner le corps et l'esprit.

Takuhatsu. Littéralement, « faire confiance au bol ». Ce même bol dans lequel nous mangeons chaque jour, et qui soutient la pratique des moines depuis le temps du Bouddha historique. Chaque novice reçoit un sac en tissu noir à porter autour du cou, brodé par le temple principal d'Eihei-ji, juste assez grand pour déposer un peu d'argent, parfois de la nourriture ou du thé, plus rarement des vêtements ou chaufferettes pour affronter la neige en hiver. À Antai-ji, nous pratiquons la mendicité trois fois par an, chaque excursion s'étalant sur une semaine. Descendant de la montagne, nous rejoignons les grandes villes de la région du Kansai pour réciter les soutras, nous tenant debout du matin au soir au même endroit, sans bouger, au milieu des passants et des bruits du monde, devant un temple ou dans une allée marchande, le chapelet vissé sur le poignet.

Le trajet est long pour rejoindre la grande ville. Une fois dans la vallée, nous prenons un petit bus scolaire, rempli d'enfants qui tous portent une casquette jaune aux motifs de l'école primaire. Retour soudain dans le Japon normal. Que doivent-ils penser en voyant ce gang des crânes rasés, tous vêtus d'un long tissu noir ? Puis, plusieurs trains locaux nous font traverser ce pays éventré par les montagnes. Cette fois-ci, nous nous rendons à Kyoto. Pour moi, la nostalgie du retour dans la ville où j'ai découvert ce pays. Alors que les autres moines dorment sur leur banquette, je regarde le paysage défiler. Un air de grandes vacances. Cela faisait des mois que mon regard n'avait pas capté autre chose que les champs entourant le temple. Les rizières s'étirent jusqu'aux grandes forêts de cèdres qui annoncent la montagne, des usines se devinent au loin, les maisons modernes aux formes cubiques se succèdent. Un monde en plastique où des grands-pères nonchalants ont pour seul objectif du jour de se rendre à vélo à l'épicerie… Toute cette vie m'avait manqué.

Nous arrivons par l'ouest et descendons au pied du Nijō-jō, énorme forteresse de pierre et de bois construite par Tokugawa Ieyasu à l'orée du XVIIe siècle. Kyoto, cette ville où chaque rue semble chargée d'un récit historique. Nous attrapons un bus, marchons quelques minutes et rejoignons une guesthouse située dans le quartier central de Ponto-cho, connu pour ses geishas et sa vie nocturne. 1 000 yens, 7 euros la nuit, le propriétaire est une vieille connaissance. Il vit seul dans une petite maison à deux étages, littéralement sous la table de la cuisine commune où il a installé son matelas et un ingénieux système pour se servir du café tout en restant allongé. Le charme des lieux qui ne seront pas référencés dans le Lonely Planet.

Nous sommes tous entassés dans une petite chambre au premier niveau, des matelas collés les uns aux autres ayant été installés. Un petit frigidaire est laissé à notre disposition. Nous réintégrons nos habits laïcs. Un moine en tenue ne doit pas être vu en train d'acheter quelque chose. Une petite sortie au supermarché le plus proche, de quoi manger pour la semaine : natto, tofu, riz et gâteaux secs feront l'affaire en ce qui me concerne. Certains en profitent pour acheter ce qu'ils ne peuvent jamais manger au temple, du pain ou du chocolat. La cuisine commune est si petite qu'il est impossible de vraiment l'utiliser. Durant *takuhatsu*, nous n'avons pas le temps de nous attarder sur le petit-déjeuner, et ne mangeons pas le midi.

Notre bol du soir avalé, le propriétaire entre brusquement dans notre chambre. Apparemment, c'est Noël ! Il nous installe une télévision sur le mur, entre nos kimonos posés sur de larges cintres et nos chapeaux de paille troués de toutes parts. « Il n'y a pas les actualités, mais c'est connecté à Netflix, en ce moment je regarde des séries coréennes, je vous recommande, un peu violent mais très sympa. » Parfait, savoir comment le monde se porte n'était pas vraiment au programme. Nous le remercions vivement avant de nous endormir ainsi, tout habillés, face à l'énorme écran plat, la fenêtre ouverte en vis-à-vis sur une boîte de nuit. Une journée s'est écoulée, et déjà le potager du temple semble n'être qu'un vieux souvenir.

Le lendemain matin, dans une ville encore sans voiture ni bus, nous enfilons nos vêtements, préparons rapidement nos affaires. Chacun est affecté à un endroit différent de l'ancienne capitale. Contrairement à Tokyo, voir un moine en habit religieux déambuler dans les petites allées escarpées de la ville est tout à fait normal à Kyoto. « Si vous jetez une pierre, vous toucherez un moine », disent parfois les locaux pour signifier la concentration anormale de bonzes au regard du reste du pays. Il m'est souvent arrivé de me rendre au lieu de mendicité indiqué et d'y trouver un moine d'un autre temple déjà en place, en train de mendier. Il faut alors trouver un autre endroit, souvent moins fréquenté, pour réciter son soutra.

Dans les rues, toujours marcher vite, le dos droit, les mains devant soi. Un moine doit savoir se faire discret, ne pas attirer l'œil. Je rejoins le sanctuaire de Yasaka, à l'entrée du quartier historique de Gion. Devant les larges escaliers, tenant mon bol à aumône devant moi, je récite le plus distinctement possible mon soutra. « *Maka Hannya Haramita Shingyoooooooo...* » Plusieurs minutes s'écoulent, quelques pièces tombent enfin dans mon large bol laqué. Des passants dont je ne peux voir le visage se prosternent. « Merci pour tout », « continuez », « bon courage »... Certains interrompent ma récitation pour engager une conversation, me questionnent sur le quotidien des moines, les repas pris au temple ou les séances de méditation, toutes ces choses qui semblent si éloignées du monde moderne des Japonais d'aujourd'hui.

Les contacts avec la population durant *takuhatsu* sont toujours d'une grande intensité, et semblent représenter pour le laïc l'opportunité de se délester d'une appartenance, d'une charge sentimentale. Il y a dans ce pays un rapport établi, physique et quotidien avec l'invisible, comme une résistance de l'imaginaire nippon à la logique matérialiste du progrès, participant de la confiance accordée aux bouddhistes et aux prêtres shinto. On me demande si je peux exorciser une maison de famille rendue invendable à cause des fantômes, si je peux guérir un mal de dos chronique en frottant mon chapelet entre mes mains. « Je vais bientôt partir, je suis atteinte d'un cancer. S'il vous plaît, récitez les soutras pour moi », me dit une jeune mère de famille, la voix nouée.

Des enfants qui réclament à leurs parents une petite pièce à mettre dans le bol, des vieillards peinant à fouiller dans le fond de leur porte-monnaie, de riches hommes d'affaires donnant tout naturellement un billet de 10 000 yens, un sans-abri venant m'offrir un petit sachet de bonbons et parler quelques minutes, tous s'arrêtent un instant devant mon corps usé récitant un texte qu'ils ne comprennent pas, porté par une religion venue d'un autre continent. Bien souvent, je ne reçois rien, une très discrète inclinaison de tête suffisant à partager un moment de communion, comme pour marquer cette brève irruption du spirituel dans le continuum froid de la vie urbaine.

Le *Soutra du Cœur*, récité en boucle, ne renferme que deux cent soixante caractères chinois, largement commentés et recopiés depuis les temps les plus lointains. Il est considéré comme la quintessence des six cents volumes du *Mahā-prajñā-pāramitā-sūtra*, grande louange à la vacuité, éloge d'une sagesse constatant l'impermanence du « soi », un texte radicalement apophatique et mystique. Faisant office de mantra, il rappelle la connexion du bouddhisme sino-japonais avec les pratiques monastiques de l'Inde ancienne où chanter un mantra consistait en une offrande faite aux dieux du panthéon des Védas. En le prononçant justement, en mesurant la tonalité du chant, le prêtre brahmanique ajustait alors son rituel, s'unifiait avec le texte pour convier les dieux à satisfaire les demandes de l'ici-bas.

Au Japon il est courant de recourir à des associations ésotériques lors des récitations. Un feu est allumé et, assis en posture du lotus, le prêtre forme un *mudra* (un geste symbolique avec sa main) en chantant les mantras dédiés. Le Bouddha associé dans ces cérémonies, très souvent Vairocana, littéralement touché par le texte, chutera de sa station divine pour venir secourir les fidèles englués dans le cycle des transmigrations. La conclusion du *Soutra du Cœur*: *gya tei gya tei, ha ra gya tei, ha ra sô gya tei, bo ji so wa ka!* (« aller, aller, aller au-delà, au-delà du par-delà, que l'éveil soit réalisé ! ») est elle aussi un mantra, conservant le sens sacré accordé par la tradition.

Il est dit que le chant du moine, comme le frémissement de la cloche ou le cri du vent, existe pour nous rappeler le son de la vacuité. Tout en récitant mon petit texte en boucle, je m'imagine le prêtre catholique armé de son rosaire en bois d'olivier, faisant face aux passants d'un grand carrefour parisien, récitant à haute voix le latin d'un *Ave Maria* en boucle. Quelles seraient les réactions et les jugements, les attitudes ? Respect, évitement, politesse ou moquerie ? Peut-on imaginer d'un passant qu'il remercie celui à qui il vient de donner une pièce, inversant toute logique intuitive de la donation ?

Dans cette pratique du chant, nous abandonnons notre corps et notre esprit dans les mots de la tradition et des patriarches. En récitant, nous ressentons profondément notre corps, laissons mourir notre discernement, notre tentation mentale de déchiffrer ou décomposer le soutra. « *Kan ji zai bo satsu gyo…* », il faut l'avouer, un bien beau charabia, mais là n'est pas l'essentiel.

Comme toute pratique bien dirigée, la récitation de la littérature bouddhiste implique la compassion, à l'image du plus vénéré du bodhisattva asiatique, Kannon. Doté de mille yeux et de mille mains dans l'iconographie traditionnelle, ce dernier agit directement dans l'ici-bas pour soulager la souffrance des êtres, pouvant se manifester sous trente-trois formes différentes afin de s'accorder au mieux à la sensibilité de l'être en détresse. À la fois bouddha, laïc, moine, il peut aussi être un animal ou un enfant. Adoptant une attitude toujours adéquate à la situation, Kannon est le contre-exemple type d'un bouddhisme froid uniquement basé sur l'exercice corporel austère, dénué de délicatesse, de douceur et du souci d'autrui. Agissant dans le monde et non en son dehors, à l'image du mendiant chantant au milieu des foules, il refuse de stationner dans la sainteté et ne cesse d'œuvrer à la libération des êtres. Voilà ce qu'il fallait incarner…

La récitation publique des soutras est un bon antidote à la quête de sens. Notre société est aujourd'hui soumise à une injonction de la signification. Tout doit être commenté, décrypté, clarifié. De la naissance à l'héritage, de la propriété privée aux vacances de l'été prochain, chaque détail est pensé, discuté, justifié. Le mystère inquiète, même dans ses manifestations les plus banales. Certains quittent un travail parce qu'ils le jugent dépourvu de sens, la jeune génération semble chercher « un sens à la vie », jugeant par là même les anciens pour leur insouciance ou leur bêtise. De la consommation alimentaire aux activités physiques en passant par l'éducation des enfants ou la manière de travailler, tout désormais doit trouver sa raison, *faire sens*. Dans une société qui aime assurer ses arrières, se lancer dans une aventure qui n'aurait pas de sens n'est *a priori* pas recommandé par les conseillers d'orientation ou les agents de Pôle emploi.

Pourtant, non seulement la récitation des soutras n'implique absolument pas de les comprendre, mais chercher du sens au texte entraverait la communion que nous avons avec eux. Pour être réellement *dans* sa pratique, il faut que la question du sens nous échappe. Le bouddhisme japonais n'a aucun sens, et n'en propose absolument aucun. Plus que cela, il justifie par les textes classiques sa propre dissolution, sa non-durabilité, étant lui-même soumis à la loi de l'impermanence. Une religion péremptoire, se conservant juste un peu plus longtemps qu'une boîte de cassoulet.

Là où la plupart des religions souhaitent briller et triompher, expliquer le monde et le rendre intégralement lisible, le bouddhisme semble prévoir sa perte et ne propose qu'une pratique sans direction, ne promettant jamais au disciple son amélioration définitive. Pas évident comme programme, mais quoi de moins logique que de se tenir là, dans la rue, entre une banque, un sanctuaire et une épicerie, debout en récitant un soutra que personne ne comprend mais que tout le monde semble attendre ?

Takuhatsu permet de maintenir cette tension vers le rien, le sabotage des solutions. Aucune proposition, l'inverse du militantisme, maintenir la question de la vie ouverte, s'unifier au soutra. Paradoxalement, c'est peut-être ici que se trouve notre liberté, dégagée des injonctions à « être », l'esprit uniquement engagé dans la tâche qui se dévoile à lui.

Vivre des dons des laïcs n'a rien à voir avec toutes ces belles épopées contant la vie des moines errants de l'époque Edo, allant d'un village à l'autre sans possession aucune, se contentant de quelques grains de riz pour vivre sous l'éclat de la lune dans la joie et la pauvreté.

Vivant dans une grande frugalité, nous devons remplir des obligations financières liées à l'entretien du temple : renouvellement des tatamis, électricité, assurance santé obligatoire, achat d'outils pour les travaux agricoles, réparation de la toiture ou du chauffe-eau… Pour un petit temple autosuffisant comme le nôtre, le romantisme n'existe pas et s'absenter plusieurs jours n'est pas anodin : nous devons récolter de l'argent, vite, et revenir au temple où le potager, les rizières et les travaux d'entretien nous attendent.

L'argent reste donc le moteur de la pratique, et il faudrait être quelque peu déconnecté de certaines réalités pour penser faire *takuhatsu* par pur plaisir esthétique. Réciter les soutras est évidemment important, mais que ferez-vous si vous n'avez plus rien à manger ? L'équation est simple : sans argent, pas de lieu pour pratiquer, pas de temple, pas de *zazen*. Retour en France. Plus simplement, nous ne ferions pas *takuhatsu* si nous n'avions aucune chance de recevoir un montant minimum permettant d'assurer le niveau de vie du temple. Rester assis sous un arbre en méditant calmement ne suffit pas.

Construire la bibliothèque du temple a coûté l'équivalent de 30 000 euros, les premiers travaux du Hondo se sont élevés à environ un million d'euros, nécessitant l'intervention d'artisans spécialisés dans l'architecture traditionnelle. Des endroits où nous récitons les soutras à la durée de la pratique, tout est conditionné par la possibilité ou non de recevoir des donations. Jusqu'à aujourd'hui, je n'ai jamais entendu un moine réciter son soutra au milieu d'un parking vide de campagne en pleine nuit.

Si nous ne recevions que quelques centimes chaque jour, il serait par ailleurs psychologiquement impossible de continuer cet exercice particulièrement éprouvant, autant physiquement que mentalement. Faire *takuhatsu* est bien plus fatigant qu'une *sesshin,* et toute votre énergie est sollicitée. C'est pour cela que nous mendions dans les régions du Japon où le bouddhisme est encore très vivant, particulièrement dans le Kansai. Dans le Kantō et la région du Tōhoku, où le lien avec le religieux est plus fin pour des raisons historiques, il est très difficile de pratiquer la mendicité, et beaucoup de moines du Nord viennent plusieurs fois par an à Kyoto ou à Nara dans le seul but de financer leur pratique.

Nous n'utilisons évidemment pas cet argent pour un usage quotidien. Durant ma première année de pratique, je me souviens avoir dû me rendre à la mairie la plus proche du temple pour régler une formalité administrative. En payant le bus, j'ai réalisé que cela faisait plus de six mois que je n'avais pas vu une pièce de monnaie. Être intégralement dégagé du jeu de l'argent est d'une grande aide pour se concentrer sur la pratique. Notre temple ne reçoit aucune subvention extérieure venant du gouvernement ou de l'institution zen elle-même. Il est donc demandé à chaque moine d'être responsable de sa pratique.

En tant que pratiquant, vous devez être conscient que vous ne paierez pas de cotisations pour votre retraite ou que votre assurance santé sera minimale. À la sortie du temple, vous aurez le même statut fiscal qu'un sans-abri, et aucun organisme ne sera là pour vous prendre en charge. Beaucoup de moines sans temple d'attribution comme c'est mon cas doivent économiser un minimum avant d'entrer dans la voie. Icchū, qui a deux enfants, fut par exemple obligé de prévoir les frais de la pension alimentaire avant de commencer sa pratique au temple.

Avoir un contact ténu avec la réalité économique est sain. « Faire confiance au bol » signifie précisément cela : ce qui vous est nécessaire pour vivre doit être considéré comme une donation. Ne pas vouloir moins, ne pas vouloir plus, recevoir les présents du monde comme une offrande, quels qu'ils soient, sans s'attacher à l'idée qu'il existe un donateur ou un destinataire, cela ne doit pas signifier votre assistanat complet. À Antai-ji, nous sommes très critiques de ce *moraiguse*, cette mauvaise habitude de trouver normal pour un religieux de vivre par le don, restant fidèle à la pensée du maître Sawaki : « La perte est l'éveil, le gain est illusion. »

Il est difficile de savoir si le manque d'argent est libérateur. Si votre temple tombe en ruine, la pluie s'infiltrant partout, vos tatamis s'usant jusqu'à la corde, la pratique ne pourra s'effectuer dans de bonnes conditions. Si la plupart des moines pratiquant dans les grands temples japonais n'ont pas à se soucier de ces questions et font *takuhatsu* pour maintenir la tradition, les dons des fidèles suffisant amplement à couvrir les frais du temple, mendier par nécessité est très différent.

Plusieurs fois, je regardai mon bol vide tout en récitant mon soutra, espérant voir tomber une pièce ou, encore mieux, un billet. « Ah, peut-être lui, il sort quelque chose de son sac, son portefeuille... non, son appareil photo, mince... derrière lui, une grand-mère, elle va forcément entendre ma voix et me donner quelque chose, je dois réciter plus fort pour qu'elle se retourne, arf, elle a déjà traversé la route... un attroupement scolaire, un des enfants va venir me voir... si l'un d'entre eux donne une pièce, cela entraînera les autres... »

Lorsque vous commencez *takuhatsu*, vous devenez obsédé par les donations. Chaque soir après la mendicité, nous nous retrouvons pour compter les dons, tout devant être répertorié sur un cahier officiel. Vous voyez ce que vous avez récolté dans la journée par rapport aux autres. « Mon spot n'était pas très bon, j'étais à côté d'un autre moine de l'école Shingon, il vendait des amulettes... »; « oui, ce n'est pas beaucoup, mais il a plu vers midi, les gens tiennent leur parapluie, ils ne peuvent pas sortir leur portefeuille de leur sac... » Encore une fois, j'étais retombé dans le grand jeu du plus et du moins, du profit et de la perte, et rien dans mon esprit ne me distinguait d'un courtier en immobilier.

La fatigue aidant à oublier les pensées inutiles, je percevais mieux cette phrase que l'on me répétait avant de partir pour Kyoto : « *Takuhatsu* ne concerne pas la donation. » Réciter les soutras devient vite une sorte de mécanique, comme l'entrée dans une période méditative intense. Après deux jours, je ne regardais plus mon bol, les pièces ne m'intéressaient plus. J'étais uniquement concentré sur ma voix et ma posture. Un bruit, quelque chose tombe dans mon bol, je prononce très vite le petit soutra dédié pour les remerciements, « *Zai ho nise kudoku muryo, dan para mitsu gusoku en man* », « les deux dons de la richesse et du Dharma sont d'un mérite incalculable, la perfection du don est achevée et complète ». Puis très vite je reprends le *Soutra du Cœur*, continuant là où je m'étais arrêté au moment de recevoir l'offrande. Durant des heures, un chant monotone au milieu du vacarme des voitures et des conversations des touristes qui semblent prendre plaisir à manger des glaces au thé vert.

Takuhatsu a quelque chose d'addictif. Je chante de plus en plus fort, la voix devient claire, mon dos emballé comme un jambon dans les nombreuses couches du kimono ne me fait plus souffrir. Être uniquement là, vulnérable et serein au milieu des passants, juste présent à réciter mon soutra. « *Kasui wo kuu* », « manger les nuages », disent joliment les Japonais pour désigner celui qui vit sans ressources, sur de l'air, ne se préoccupant plus du lendemain.

Le dernier soir avant de rentrer, nous nous accordons avec les autres moines un moment de répit. Une fois les comptes de la semaine terminés, nous

nous retrouvons avec une quantité énorme de pièces à devoir trimballer. 10 yens, 5 yens, 1 yen… Plusieurs sacs en plastique renforcés sont nécessaires pour porter ce petit trésor à la banque. L'argent déposé sur le compte bancaire du temple, les frais de train remboursés, nous décidons avec quelques moines de prolonger la soirée. Je connais bien la ville, et décide de les emmener dans mon *izakaya* favori, un minuscule petit bar perdu au fond d'un couloir d'immeuble datant de l'époque Showa, non loin de la fameuse gare de Sanjō. Nombre de places : 8. Nombre de clients : une vingtaine. Le propriétaire me reconnaît, nous installe sur des tabourets en plastique.

Otsukaresama ! La semaine fut longue. Quel plaisir de se replonger dans cette ville trépidante, de voir les gens discuter et s'animer. Plutôt que de rejeter cette société que j'avais quittée avec un certain mépris pour emprunter les chemins du zen, j'avais pour la première fois envie de me replonger dans le monde, de l'intégrer à nouveau. Être là, pleinement au cœur du bruit.

La bière arrive, puis une seconde. La soirée peut commencer. Nous commandons à manger dans ce cagibi empli de volutes de fumée. Heureux hasard croisant mon nom de moine, la musique du jour s'intitule « *momo no ki no shita de* », « sous le pêcher », du groupe loufoque Kojikigirls. Les quelques femmes dans le bar semblent curieuses autant qu'amusées de nous voir assis là. En omettant le style capillaire, il est vrai que nous ressemblons à une bande d'étudiants sortant de période d'examens.

La fin du *takuhatsu*, petite parenthèse dans la vie monacale, nous permet enfin d'aborder de grandes discussions. Un moine nous raconte ses problèmes passés pour faire l'amour, sombrant automatiquement dans le sommeil dès qu'une fille lui grimpait dessus. Un autre essaye de savoir si fréquenter une même prostituée chaque semaine pouvait être considéré comme une relation adultérine. « Manger du *shirako*, la laitance de poisson, tu penses que ça aide pour faire *zazen* ? » À force de voir en eux des moines, j'en avais presque oublié qu'ils étaient Japonais… La nuit s'étire, nous rentrons à la guesthouse. Dans trois heures, nous serons dans le train du retour.

En rejoignant les calmes montagnes de la préfecture de Hyogo, l'esprit encore embué dans les excès du matin, je laissai une fois de plus mon regard s'échapper derrière le carreau du train. Qu'est-ce que le zen, après tout ? Je repensais à ma voisine, lors de mes premiers jours au Japon, presque deux ans avant d'entrer au temple. Une grand-mère énergique et bavarde, toujours à la recherche de son gros chat roux. Chaque matin à 7 heures précises, elle sonnait une petite clochette qui me réveillait. Une odeur d'encens vanillé venait napper la rue. Enfoncé dans mon futon, je l'entendais réciter l'*Hannya Shingyō*, ce même soutra que je venais de prononcer durant une semaine dans les rues de Kyoto. Quelques minutes suspendues, puis à nouveau un son de cloche. Elle se rendait ensuite au sanctuaire shinto du Nyakuoji, à quelques mètres seulement du pâté de maisons, priant les esprits pour son mari malade.

Lorsque l'on me demande ce que signifie pour moi le bouddhisme, j'aime me souvenir avec tendresse de cette histoire. Le zen ? Rien de plus qu'une vieille dame entourée d'encens, récitant son soutra du matin, soucieuse pour son mari et son chat.

Le ciel couvert de nuages
Est complètement ouvert.
Le cœur du takuhatsu est ainsi –
Un cadeau du ciel

Ryōkan.

8

Même un cristal peut être poli

白珪尚可磨

Clément,

Le jour du départ est arrivé. J'espère te revoir bientôt, tant de choses se sont passées. Avec cette carte, tu trouveras un bonnet. Il doit rester de la neige à Antai-ji, alors fais bien attention à ne pas prendre froid.

Prends soin de toi, à bientôt.

Naru.

Lorsque j'ai frappé à la porte du temple pour commencer la pratique, cela faisait déjà plusieurs mois que j'avais rencontré Narumi, une Japonaise originaire de Nara, au regard dense, le sourire chafouin et les gestes contenus. Je vivais au Japon depuis déjà plus d'une année, passant le plus gros de mon temps à étudier le japonais. J'avais trouvé un petit travail de guide touristique, me permettant de payer mon modeste loyer. J'ai croisé Narumi tout simplement, lors d'un échange linguistique organisé à Kyoto, elle voulait améliorer son anglais, et je souhaitais perfectionner mon japonais encore trop scolaire. Nous partagions le même goût pour les choses spirituelles. Narumi connaissait mon désir de pratiquer plus intensément, d'entrer dans un temple, de m'engager. Plusieurs fois, je lui ai proposé de tout arrêter, les choses du cœur encombrant trop souvent les aventures intérieures. Elle décida de m'attendre, comme une femme peut attendre un marin. « *Fais ce que tu dois faire* », disait-elle souvent.

De manière peut-être un peu immature, j'avais des choses à affronter, je voulais d'abord me rencontrer avant de m'établir dans la vie, voir de quel bois j'étais fait, au moins une fois, et plonger dans ce monde monacal me semblait nécessaire pour toucher aux limites de l'esprit. Je ne savais alors pas que Narumi deviendrait ma femme, ni combien de temps je resterai au temple. À ce moment de ma vie, les sentiments que j'éprouvais pour elle, aussi important étaient-ils, n'étaient tout simplement pas prioritaires.

Dans le bouddhisme ancien, quiconque voulait épouser la vie de moine devait faire vœu de célibat. De nos jours, l'immense majorité des moines japonais sont mariés et ont une famille à charge. Pour comprendre d'où vient cette pratique, il faut remonter à la Restauration de l'empereur Meiji. En 1868, le Shinto devient officiellement la religion officielle du Japon, marginalisant ainsi le bouddhisme alors jugé non conforme à la tradition japonaise du fait de ses origines étrangères. La responsabilité des *danka,* le système de donation paroissiale impliquant la gestion des registres civils, fut retirée aux moines pour être confiée aux prêtres shinto. L'autorisation de se marier, le port de l'habit laïc en dehors des cérémonies ainsi que le droit pour les moines de consommer de la chair animale furent proclamés dans le même temps, avec pour objectif non dissimulé d'affaiblir le bouddhisme en le sécularisant. Coupés des donations paroissiales en 1872, les moines furent contraints de gérer les temples à la manière de petites entreprises, les cérémonies funéraires devenant indispensables pour subvenir aux besoins de la famille rattachée aux édifices religieux.

Au Japon, la quasi-totalité des temples fonctionnent sur ce modèle familial. Des enfants de moines naissent dans les temples, sont ordonnés durant leur adolescence par leur père. Ils s'en vont ensuite étudier et pratiquer le bouddhisme dans des grands temples officiels dédiés à l'ascèse, parfois à la suite d'un parcours en université bouddhique, généralement entre six mois et trois ans en fonction des écoles. Une fois cette formation terminée, ils rentrent dans le temple familial pour aider leur père dans l'entretien du bâtiment qui leur sera légué. Bien qu'il n'y ait aucun interdit religieux sur la question, la plupart des abbés sont culturellement des hommes. Si l'abbé du temple n'a que des filles, l'aînée sera souvent obligée de trouver un mari moine qui prendra en charge le temple du père de sa femme.

La sécularisation du bouddhisme correspond à une évolution historico-spirituelle interne au bouddhisme Mahayana (du « Grand Véhicule »). Partant d'un monde régi par des règles éthiques strictes visant la libération individuelle de l'ascète, le bouddhisme s'est progressivement sécularisé et a réussi à inclure dans son approche l'ensemble de la société laïque. Il ne s'agissait plus uniquement du salut individuel du moine, mais d'un salut universel et absolu concernant tous les êtres sensibles pris dans la grande roue de la transmigration. L'éveillé était celui qui refusait de stationner dans la sainteté réalisée pour secourir les êtres vulnérables et englués dans les passions, à la manière d'un docteur refusant de prendre sa retraite pour continuer à soigner ses patients.

Il y a au Japon un aller-retour charmant entre ce monde ascétique et spirituel – celui de la méditation et de l'ascèse concentrée – et le monde banal de la vie commune. L'un ne saurait aller sans l'autre. Le moine n'est jamais dans la position du pur contemplatif, observant son entourage depuis un nuage. Il doit agir au sein du monde, se méfiant toujours de ceux qui tentent de séparer la pratique de la réalité quotidienne. Il n'est pas non plus plongé dans les passions ordinaires. Pratiquer la Voie signifie vivre entre ces deux mondes, ballotté en permanence. Plus simplement, à la fin de votre heure de *zazen*, vous devez bouger vos fesses, vous lever de votre coussin et réintégrer le rythme exigé par les tâches quotidiennes.

L'unique réelle difficulté dans un temple n'est certainement pas la méditation, le ménage ou les divers travaux à effectuer. Comme partout, ce sont les relations humaines. « Tu dois être clair avec toi-même », me disait sans cesse Jeff lors de nos sessions de méditation à Kyoto. Comment intégrer à sa pratique les parents, les amis, les amours ? Comment connecter votre expérience du *zazen* à ces moines que vous ne connaissiez pas avant d'entrer dans la Voie ? Faut-il vraiment tout bazarder pour entrer en religion ?

Un ami me racontait avoir brûlé l'ensemble de ses souvenirs avant d'entrer au temple. Quant à moi, j'ai décidé de ne rien changer aux relations que j'avais avant d'entamer la pratique, de ne rien renier. J'entrais dans le zen pour ne plus fuir ma vie, et rompre avec mes proches me serait apparu comme une énième lâcheté, masquant la peur, l'arrogance et un certain mépris derrière la belle histoire du « détachement ».

Juste avant l'hiver de ma deuxième année au temple, l'ancien abbé nous a rendu visite pour donner un commentaire technique du *Genjōkōan*, un célèbre texte de Dōgen. Le passage évoquait les thématiques classiques du zen, soulignant l'importance du lâcher-prise et l'illusion de vouloir moraliser les émotions. Après avoir commenté le texte durant des heures devant l'assemblée, l'abbé se leva et partit rejoindre sa femme dans ses appartements réservés. À peine avait-il passé la porte que cette dernière l'insulta, faisant entrer le couple dans une longue dispute concernant le ménage de la salle de bains.

Quelle belle image que ce maître qui avait passé toute sa vie à pratiquer le zen, commentant les textes subtils de la tradition, pour se retrouver sous le feu des reproches d'une femme énervée ! Les moines, aussi expérimentés soient-ils, sont des êtres humains, et aucun n'échappe aux problèmes du quotidien.

Quelque temps plus tard, un laïc tiraillé par des problèmes de couple avait interrogé ce même abbé. Ce dernier répondit : « Figurez-vous que moi aussi j'ai des problèmes avec le mariage. »

Évidemment, la manière dont vous interagissez dans un temple est très différente de la vie civile. Tout d'abord, l'organisation hiérarchique implique obéissance et discipline. Chaque moine novice a un *senpai*, un supérieur référent chargé de former son *kohai*, son cadet. L'implication totale et dévouée dans la pratique étant jugée comme le strict minimum, vous ne serez jamais reconnu pour votre mérite ou vos efforts. Votre position au temple est déterminée par votre expérience, votre temps de pratique. Un moine ayant été formé trois mois est comme inexistant, un moine avec une année d'expérience pourra devenir *senpai*, un moine attestant de dix ans d'expérience sera traité avec un certain respect. La réclamation ou la contestation n'appartient pas au monde conservateur des temples. Vous écoutez l'abbé, vous acquiescez et faites ce qui doit être fait.

Chaque soir après le repas, nous nous réunissons dans la salle principale. Tous assis en *seiza*, sur nos talons, bien alignés. Nous buvons silencieusement le thé. Puis, utilisant les mêmes expressions codifiées, le premier moine prend la parole.

« Aujourd'hui fut un jour de travail. S'il vous plaît, veuillez informer des tâches accomplies. » Tour à tour, chaque moine se prosterne et annonce la liste des tâches effectuées dans la journée : « Aujourd'hui, nous avons coupé le cèdre tombé l'année dernière derrière la forêt de bambous. Nous avons transporté et stocké le bois dans la scierie. Nous avons également fait du bois pour la cuisine. » Le moine responsable du potager s'exprime : « Aujourd'hui, nous avons réparé la clôture du potager nord. Nous avons fait des semis de poivrons, et mélangé le compost. » Le premier moine dirigeant la séance enchaîne : « Autre chose ? Bien, demain sera un jour de méditation. Le *tenzo* est Hirai-san. Le *jikidō* est Hikaru-san. La méditation du soir aura lieu comme prévu à 18 heures. » Fin de la discussion.

Juste avant de clôturer, le premier moine pose toujours la même question : « *Hoka ni arimasenka ?* Autre chose à ajouter ? » C'est le temps pour l'abbesse de prendre la parole et d'établir la liste des inattentions remarquées durant la journée. Cela peut concerner absolument tout. La manière trop bruyante de marcher dans la cuisine, une personne ayant mal rangé ses chaussons, un goût trop puissant dans la soupe du matin, un geste maladroit durant une cérémonie.

« Pourquoi la température du bain n'était-elle pas de quarante-cinq degrés ? Expliquez-vous ! » Par convention, l'abbesse demande toujours si une personne souhaite exprimer un désaccord, sachant bien entendu que personne ne dira jamais rien.

L'obéissance est une vertu centrale. Obéir à la Voie, se conformer au monde. Se ranger derrière une tradition permet de contenir ses vues personnelles. Est-ce réellement nécessaire d'exprimer ce que vous pensez ? Bien souvent, non. Êtes-vous légitime pour imposer votre opinion personnelle à tous ? Bien souvent, non. « Le zen n'est pas à propos de vous », et précieux est cet art subtil de ne déranger ni les choses ni les gens par un sentiment mal placé.

Si le temple fonctionnait à l'image d'un système démocratique, la pratique serait impossible. Plusieurs années avant mon arrivée, un groupe de disciples demanda à l'ancien abbé des aménagements d'horaires, qui furent acceptés. La méditation du soir et celle du matin devinrent facultatives, le nombre de jours de repos pouvait être décidé en assemblée, arrêter une *sesshin* de cinq jours au deuxième jour fut autorisé. Chaque disciple, adulte et responsable de sa présence au temple, pouvait alors aménager plus ou moins librement son temps. Si certains moines profitèrent des changements pour pratiquer plus longuement la méditation dans le Hondo, l'immense majorité des novices profita de ce nouveau temps libre pour lire des livres, boire du thé et manger des gâteaux en discutant au soleil. Plus personne ne sonnait la cloche à 3h45 du matin, et les offrandes d'encens n'étaient plus respectées. Les textes classiques furent délaissés pour évoquer des « sujets libres » lors des sessions d'étude. De ce que j'ai pu entendre des moines qui connurent cette courte période expérimentale, la pratique était fortement relâchée. Le temps libre favorisant les conversations inutiles, des tensions émergèrent entre deux groupes de moines qui s'étaient constitués au sein de la communauté. Certains bavardaient pour savoir si le zen de l'école Soto était supérieur au zen de l'école Obaku. Après plusieurs jours, les novices, se sentant sûrement coupables d'avoir transformé le temple en une vaste résidence d'étudiants, demandèrent à l'abbé de réintégrer l'organisation traditionnelle du temple. Lorsque vous demandez à un Japonais ce que le mot « zen » lui évoque, les premières images suscitées sont celles de la sévérité, de l'austérité. Le zen est particulièrement formel dans son approche des relations humaines, et il serait naïf de croire un éveil spirituel possible sans une force extérieure pour vous guider et vous encadrer, pour ne pas vous perdre dans la paresse, la satisfaction de vous-même ou le découragement.

Durant les premiers mois au temple, j'ai pensé que cette réunion du soir autour du thé n'avait d'autre but que d'humilier les novices. Rien ne semblait jamais correct, tout devait toujours être rectifié. Les tatamis n'avaient pas été proprement essuyés, la soupe était trop salée, le bain trop froid, le travail du potager n'était pas assez bien mené. La pédagogie douce et alternative n'existe pas, et les mots prononcés sont souvent durs et directs.

Il existe au Japon nombre d'histoires relatant des brimades, harcèlements ou persécutions dans les temples. Certains sortent de leur formation traumatisés. Il y a quelques années à peine, frapper un novice avec un bâton en bois était considéré comme tout à fait normal. J'ai souvent pensé tout arrêter pour éviter une fois de plus la critique. Cela aurait été plus simple pour tout le monde, disparaître sans rien dire, descendant la montagne dans le fond de la nuit. Il aurait simplement suffi de faire son sac, finalement.

Lors des méditations suivant la réunion du soir, assis en *zazen*, mes émotions confuses amenaient souvent mes pensées vers l'abbesse et sa discipline. J'espérais la voir victime d'un accident ou emportée par une maladie soudaine, alors enfin je pourrais être libéré de toute cette pression. Réellement, je la haïssais. Des reproches, des avalanches de reproches. Durant plusieurs mois, je me suis levé le matin avec une boule au fond des tripes : aujourd'hui, sur quoi vais-je être jugé ? Ma manière de fermer la porte ou de poser mes baguettes ? Comment quelqu'un d'imparfait peut-il se permettre de critiquer autant les autres ? Tout ce grand cinéma est-il réellement utile à la pratique ?

Je sais aujourd'hui que je ne me battais contre moi-même, laissant des émotions mal comprises parler à ma place. Après tout, je n'étais pas venu dans un temple zen pour me faire complimenter.

Dans notre manière d'agir avec autrui, nous ne différons pas beaucoup des grands singes. Dans le cadre d'une étude connue traitant de l'évolution fronto-pariétale des chimpanzés, une équipe internationale de biologistes a installé un grand et épais miroir au milieu de la forêt gabonaise afin de confronter les primates à leur propre image. L'observation maintes fois répétée dans différents pays du monde montre systématiquement la même chose. Tout d'abord, pensant voir un autre singe en face de lui, le chimpanzé devient agressif face à la menace inconnue. Il s'oppose au miroir en poussant des cris, frappe la vitre ou fuit. Après un certain temps, comprenant la mécanique du reflet, il remarque que ses gestes se reproduisent sur la glace. Le singe se calme, adopte une posture d'apaisement, jouant avec son reflet ou restant simplement à côté de la glace sans y porter attention.

Cette expérience résumait bien ma situation au temple. Confronté à un problème, j'ai cherché à le régler par des solutions venues du dehors. Toujours des excuses, des prétextes, des explications. Le réel est contrariant, comme un reflet de soi-même, comme le décalque mal compris d'un esprit biaisé par une peur fondamentale.

Arrêter de lutter est la conséquence logique d'une compréhension minimale du fonctionnement de l'esprit. Un premier pas. Lorsque vous êtes en retard, ce n'est pas à cause du bus. Lorsque vous vous disputez avec votre femme, ce n'est pas à cause de son manque d'attention à votre égard. Votre mauvaise humeur contre vos voisins n'est pas relative au bruit qu'ils font. Que faire quand l'aigreur apparaît ? Par confort ou par réflexe, le repli dans le jugement personnel est toujours plus simple que le renvoi à sa propre bêtise. Faire ce qu'il est bon de faire suppose un certain oubli de soi. Ma réticence envers le maître était celle du singe luttant contre la menace fictive, je devais continuer ma pratique, devenir adulte au plein sens du mot, aller plus loin. Si personne ne m'avait montré la réalité en posant un miroir bien en face de moi lors de ces interminables réunions dont le thé était le prétexte, je n'aurais sûrement jamais réalisé ce fait pourtant évident : le problème fondamental vient d'abord de son propre esprit.

À Antai-ji, nous utilisons un terme pour décrire ce tissu plus ou moins tendu qui dessine les relations humaines : *sessa takuma*. Le terme composé de quatre idéogrammes est intraduisible et doit être expliqué. Le premier idéogramme signifie « couper », le second « frotter », le troisième évoque « l'écrasement », et le dernier signifie « polir ». Le sens initial de ce mot renvoie à la manière dont une mécanique se meut et s'imbrique pour raffiner quelque chose. Le japonais actuel entend ce terme comme l'intérêt d'avoir un camarade pour vous stimuler dans la compétition, par exemple lors d'un entraînement de sport. Dans une définition plus large, l'expression définit la diligence exercée sur soi grâce aux frottements provoqués par le contact avec un ami jouant le rôle de l'adversaire.

Un temple est aussi un lieu de vie avec des individus dont les habitudes et les manières vous sont totalement étrangères. Grâce aux frictions existant dans cette grande mécanique humaine, la pratique peut se parfaire. Les autres sont ce miroir dont vous avez besoin pour plonger en vous, pour voir qu'il n'y a pas à lutter contre soi ou contre le monde, le contexte disciplinaire du temple vous obligeant à voir et ce que ce que vous auriez fui si vous meniez une vie libre au sein du monde.

Le mot de *sessa takuma* est souvent utilisé pour décrire les débats parfois très violents entre les moines. Qui est responsable du ménage mal effectué ? Doit-on récolter le riz avant la pluie ou attendre encore une semaine ? À ces questions anodines se heurte souvent l'ego des supérieurs. Il m'est arrivé de voir des camarades hurler, se fixant du regard durant de longues minutes. Ce comportement était-il « zen » ? Question sans intérêt. Dans ces altercations, se jouait certainement la pratique personnelle de chacun des pratiquants. À leur manière, « se frottant aux autres » dans le contexte ritualisé du temple, ils se donnaient la possibilité de comprendre la nature versatile de leur esprit. Quelque chose d'encore indéfinissable se dévoilait en eux, se sculptait, prenait forme en remontant à la surface.

Une vie dans un temple consiste donc d'abord à vivre avec des personnes que vous ne choisissez pas, à donner du temps, de l'espace, de la considération à des individus que vous n'auriez jamais croisés dans votre vie autrement. De ces rencontres naît aussi beaucoup de joie, de rire, d'ironie. Des amitiés se tissent, cela est certain. De là, votre pratique avance, votre esprit se lustre. Dans le *Classique des vers,* un recueil antique contenant les plus anciens poèmes chinois, il est écrit que « même un cristal peut être poli ». Encore et toujours, polir ce qui peut être poli, et lorsque vous pensez que cela suffit, continuez. N'acceptez pas le compromis facile, refusez l'idée de la retraite. Ne tombez pas dans la satisfaction. Que vous jugiez le cristal parfait n'a pas d'importance, vous devez pratiquer jusqu'à votre mort, à l'image des choses du monde qui, elles, ne finissent jamais. Les remontrances envers les novices, les différends avec les supérieurs, les frictions et les inimitiés, dans tout cela se trouve aussi la possibilité de voir sa propre nature. Que votre approche soit la bonne ou non, cela n'a pas d'importance, continuez la pratique. Et pour ce faire, vous avez besoin de vous cogner à des vies différentes de la vôtre.

Du temps où Antai-ji se trouvait au nord de Kyoto est restée une histoire célèbre. Alors que l'ancienne capitale impériale était bousculée par un typhon, un morceau de toiture du temple se décrocha durant la méditation. Uchiyama, alors abbé du temple, se leva dans la précipitation pour réparer les dégâts, l'eau commençant à tremper les tatamis. Le moine Sodō

Yokoyama, voyant son maître s'agiter et hurler, donnant des directives pour éviter l'inondation, rédigea calmement un poème sur la pluie. À ce moment-là, qui avait raison ?

9

La voix de l'impermanence

諸行無常の響き

Les Japonais disent bien souvent que, si la région du Kansai devait être apparentée à l'Europe, Osaka et ses habitants enjoués représenteraient l'Italie, la froide et distante Kyoto serait l'Allemagne, l'élégante préfecture de Hyogo serait la France. Ses habitants ont ce que les locaux nomment « un sens », une manière d'être, un calme rempli de charme, oscillant entre une certaine originalité et un goût marqué pour l'élégance qui s'exprime dans les nombreux magasins de mode et de pâtisserie présents à Kobe. Un attrait presque naturel pour le beau, pour les bons mots, les bons plats, les beaux gestes des artisans. Plus que l'efficience ou le résultat, c'est la justesse qui est visée, à la manière d'une ballade aspirant toujours au bon ton, à la note parfaite qui déjà s'échappe dans l'improvisation.

Quelques semaines après mon arrivée, je fus chargé du rôle de *jikidō*, devant délimiter grâce à la cloche du temple le début et la fin des méditations, le port de la montre étant proscrit dans le Hondo. Le mois d'avril débutait, le froid était encore présent et nous allions entrer dans la traditionnelle semaine de méditation. Je m'étais levé à 3h30 pour préparer la salle où nous allions tous nous recueillir en silence, vérifiant si les coussins se trouvaient bien en place, si les lumières fonctionnaient correctement. Juste avant le début de la cérémonie inaugurant la *sesshin*, je me suis posté devant la cloche principale, à l'entrée du temple, face aux *shōji* que j'avais préalablement ouverts pour permettre aux moines de pénétrer dans le Hondo. Je me tenais debout, le corps plié en avant, la tête à l'envers en dessous des genoux, me prosternant continuellement face aux moines qui petit à petit entraient dans le grand bâtiment encore enveloppé dans la nuit du matin.

La cérémonie du premier jour de méditation est globalement toujours la même : les moines entrent et s'installent sur leur coussin de méditation. Un premier coup de cloche est donné. Puis, l'abbesse entre à son tour, dépose une offrande d'encens devant le Bouddha, se prosterne de multiples fois et fait le tour du Hondo en marchant lentement derrière chaque moine, avant de rejoindre sa place pour s'asseoir sur son coussin. Alors, un nouveau coup de cloche annonce le début du *zazen*. Le *jikidō* doit alors fermer les portes et revenir à sa place dans l'alignement des moines déjà en train de se recueillir, sans faire le moindre bruit.

Cette cérémonie des offrandes et des prosternations précédant *zazen* se déroule toujours derrière les moines, lesquels sont assis face au mur du temple. Seul le *jikidō* situé à l'extérieur du temple peut voir l'abbesse effectuer le rituel, les autres moines tournant le dos à l'autel. Je me souviens encore très nettement de la manière dont Ekō se prosterna ce jour-là. Après avoir allumé et déposé l'encens sur l'autel, elle se plaça face au Bouddha, plia ses jambes lentement, déposa avec une grande délicatesse son front sur le sol, et tourna les paumes de ses mains vers le ciel, marquant un petit temps d'arrêt. Puis, dans un calme absolu, elle se leva pour recommencer. Sa déférence envers le Bouddha était belle, portée par une foi manifeste. Sa manière de bouger, d'exprimer sa gratitude envers la Voie par des gestes simples, tout semblait venir d'un âge ancien et indistinct, comme un ballet baroque aux règles tribales, une danse étirant le temps, donnant à tout l'espace sa charge de sacré.

« Frappez la cloche pour que la montagne s'éveille avec vous », disait-elle souvent. L'éducation bouddhiste passe en grande partie par le son. D'une manière presque initiatique, nous apprenons à être attentif aux différentes sonorités qui nous entourent et nous accompagnent. Peu à peu, nos perceptions sonores changent. Dans le *Shōbōgenzō Makahannyaharamitu*, Dōgen cite un court poème de Tendō Nyojō :

Le corps entier de la cloche à vent est comme une bouche suspendue dans un espace vide –
Sans distinguer les vents d'est, d'ouest, du sud ou du nord
Ensemble exprimant prajna également à tous les êtres –
Di ding dong liao di ding dong.

Peut-être sommes-nous comme ces cloches, vides et sans but, bousculés par le vent, émettant un simple son, celui de notre vie claire et discrète plongée dans la réalité.

Évidemment, nous n'utilisons ni réveil-matin ni Apple Watch pour organiser notre temps. Un grand nombre d'instruments rythment la vie du temple, chaque son correspondant à un message qu'il nous faut capter intuitivement, comme un rappel vers le déroulement de la pratique. Les cloches sont la Voix des bouddhas, les voix de l'impermanence. La figure la plus importante du bouddhisme japonais, Kannon, « celui qui considère les sons du monde », souligne bien cette parenté entre éveil spirituel et sonorité. En multipliant les cloches, le temple ressemble à un grand studio de musique vibrant en permanence, ici pour manger, là-bas pour méditer ou annoncer la fin du travail, un gigantesque *boys band* de bonzes s'amusant à taper partout avec des marteaux en bois aux formes plus ou moins délirantes.

La première cloche à se faire entendre est le *densho*, elle trône devant le Hondo et sert à annoncer le début d'un rituel. À l'aide d'un maillet, le *kizuchi*, un moine référent sonne la cloche. Trois coups distincts. La première annonce que la salle de méditation est prête à recevoir les moines, la seconde signale aux moines d'entrer dans la salle, la dernière indique l'entrée du maître dans le temple ou le début effectif de la cérémonie. Le *densho*, méticuleusement sculpté, est une œuvre d'art en soi.

Devant le *densho* se trouve un *moppan*, sorte de large morceau de bois faisant caisse de résonance et permettant d'annoncer divers moments de la journée. Un petit poème faisant l'éloge de l'impermanence en japonais classique est gravé sur le bois, rendu totalement illisible par l'usure et l'humidité. Le son du *moppan* suit toujours le même motif, il est ferme, sec et, selon la cérémonie, les coups sont de plus en plus rapides, donnant une impression de précipitation. Il est nécessaire de tenir l'ensemble du bois avec une corde pour diriger le bruit. Nous frappons toujours le *moppan* le plus fort possible, comme pour montrer notre engagement dans la pratique. Avec le temps, une cavité se forme au milieu de la planche, là où le maillet s'arrête. Le *moppan* témoigne de la foi du moine.

Comme une feuille de thé s'imprégnant lentement d'eau chaude, qui la teinte et la parfume sans jamais lui donner trop de saveur, la vie dans un temple infuse en vous. Un moine est comme une feuille verte plongée dans l'eau chaude qu'est la vie du temple. Peut-être cette feuille brûlera si le liquide est trop chaud, peut-être de l'infusion trop longue se dégagera une drôle d'amertume. Mais tout comme l'atmosphère monastique pénètre dans le cœur, une essence quelconque émergera de tout cela. Le goût final ne sera pas spectaculaire, mais il vaut mieux savoir apprécier un simple thé que de se perdre dans un breuvage trop raffiné.

Le son des cloches doit infuser en vous. Dans les temples, frapper le *moppan* après la dernière méditation du jour indique la clôture de la journée. Aussi, nous ne l'utilisons jamais le soir, signifiant par là que la pratique doit se poursuivre dans la nuit. Vous pratiquez même lorsque vous dormez ! Jamais tranquille ! Dans le sommeil aussi, l'esprit du *zazen* résonne, s'étendant au-delà du temple. « La pratique s'enracine dans l'assise, elle ne s'y résume pas. » Si le zen ne peut se concevoir sans l'assise, l'esprit de la méditation doit pénétrer dans votre vie, résonner dans votre cœur, vous coller à la peau, vous suivre partout, aux toilettes, dans votre lit, et même lorsque vous vous brossez les dents. Aucune sortie de secours ! Et si vous oubliez par moments que vous êtes là pour pratiquer la Voie, une cloche se met à sonner pour vous réveiller à vous-même.

Dans la salle de méditation, le *keisu* est la cloche la plus utilisée. Ronde, d'une vingtaine de centimètres de diamètre, déposée sur un petit trépied en bois, elle existe sous différentes formes et varie en fonction des cérémonies. Le *keisu* sert à indiquer le début et la fin de la méditation, ainsi qu'à ponctuer la récitation des soutras. Il est frappé par un petit percuteur en bois recouvert de cuir et de laque rouge. Sa bonne maîtrise est assez difficile, et j'ai longtemps eu du mal à émettre un son « propre ». Lors du début du *zazen*, nous frappons le bol trois fois. Puis, lorsque le *zazen* se termine, deux coups sont portés. Entre chaque coup, nous laissons un espace de six à huit secondes. Le bruit doit être clair, puissant et bien résonner dans tout le Hondo. Il est également important de sonner le *keisu* avec la même intensité pour chaque coup, créant ainsi une atmosphère harmonieuse. Le pire qui puisse arriver est un bruit court et strident, souvent causé par une frappe donnée sur la tranche intérieure du bol. De manière générale, le son reflète l'état d'esprit du moine. Si vous êtes fatigué ou préoccupé, il est fort probable que le son sortant du *keisu* soit tremblant. Si vous êtes stressé ou agité, le son sera trop puissant. Plusieurs années sont nécessaires pour bien sonner le *keisu*, tout simplement parce qu'il faut plusieurs années pour stabiliser son esprit en toutes circonstances.

Le *inkin* ou *shukei*, littéralement la « cloche à main », se présente quant à lui comme un bol d'environ dix centimètres de diamètre, dont le fond est fixé à l'extrémité d'un manche en bois par un coussin relié à une ficelle. Une sorte de gros bilboquet dont on viendrait percuter la boule avec une tige en fer pour en extraire un son. Le bruit du *inkin* signifie le début ou la fin de la cérémonie encadrant le repas, ainsi que chaque prosternation face à l'autel principal du temple. Lors d'une procession, les deux moines ouvrant la marche rythment le pas grâce au *inkin*.

Toutes ces cloches participent du « réveil de l'esprit ». Pourtant le vrai réveil, celui du matin, n'a pas grand-chose à voir avec l'éveil spirituel. Le *jikidō* sort les moines du sommeil avec le *shinrei*, une petite cloche à main. Seul moine autorisé à porter une montre dans le Hondo, le *jikidō* doit alors se tenir devant le temple à 3h45. Il s'élance ensuite dans le couloir en faisant sonner la cloche de toutes ses forces avec sa main droite, provoquant le plus de bruit possible. Il court en montant dans les étages, tapant le plancher avec ses pieds. Un véritable séisme à répéter tous les matins !

Il passe ensuite devant chaque pièce du temple, puis retourne vers son point de départ et frappe le premier coup de *moppan* de la journée. En robe de moine, cette course folle dans les couloirs du temple est particulièrement éreintante et assure un réveil efficace. Il est nécessaire de s'engager totalement dans cette action, de secouer le temple de fond en comble, comme pour ébranler toutes les montagnes de la province de Mikata. Si la cloche n'est pas sonnée assez énergiquement, il est possible que les moines ne se réveillent pas. Dans les faits, cela n'arrive jamais, mais il est courant de devoir présenter des excuses publiques si la cloche n'a pas permis un réveil soudain et brutal.

L'objectif de cette technique violente est de réveiller les moines rapidement, qu'ils bondissent de leurs futons pour les plier, prêts à commencer la journée.

Pour délimiter les moments de la journée comme la préparation du bain, le début d'une réunion ou l'annonce du service du repas, nous frappons le *kaishaku*, deux plaquettes d'un bois dur et compact mesurant environ vingt centimètres de long et reliées par une petite ficelle fixée sur une des extrémités. Le *kaishaku* se tient et se frappe fermement, sous un rythme descendant, allant du plus lent au plus rapide.

Pour chaque événement important, l'ordination d'un moine ou la commémoration d'un patriarche, nous utilisons le *hokku*, le « tambour du Dharma », le plus gros du temple. Ressemblant au célèbre *taiko* japonais, il repose horizontalement sur une armature en bois dans le couloir menant à la salle de méditation, surélevé du sol d'environ un mètre cinquante. Il est battu par deux petits bâtons permettant de produire un rythme soutenu, ou bien par un gros marteau de cèdre émettant un son puissant. Ce grondement est sans conteste le plus impressionnant du temple, et fait souvent trembler les vitres du couloir adjacent.

Afin de ponctuer la récitation des soutras, nous utilisons également le *mokugyo*, littéralement le « poisson de bois », gros bloc massif et écaillé qui est frappé par une baguette dont la partie supérieure est couverte de cuir. Plus ou moins évidés, il existe des *mokugyo* de différentes formes et tailles afin d'accompagner convenablement le chant des moines. Différents motifs sont possibles, allant du plus rapide au plus lent, mais bien souvent la cadence dépend des idéogrammes du soutra récité. Le *mokugyo* est principalement utilisé à rythme constant durant toute la récitation. Par sa forme évocatrice de gros poisson, il symbolise la persévérance et la dévotion nécessaires à la pratique. De nombreux poèmes zen ont été rédigés à son sujet.

Les Japonais aiment les haïkus traitant de choses aussi banales qu'une cloche, un tambour, la lune, une table, un arbre. Le poète Yokoi Yayū écrit :

出代やかはる箒のかけところ
Degawari ya kawaru hôki no kakedokoro.
Changement de domestiques – le balai accroché
à une autre place.

« Le zen est un poème mis en pratique », m'a un jour dit un moine venu au temple pour saluer l'abbesse. Je ne sais pas bien ce qu'il entendait par là, mais il est vrai que la poésie japonaise procède souvent par suggestions légères, sans montrer ni expliquer, remplissant l'atmosphère de sous-entendus discrets, simples et profonds. Une évocation surgit, puis déjà s'évanouit. Comme le son des cloches, il n'y a dans le haïku qu'un sentiment suscité, comme une onde qui vient percuter un quotidien que l'on pensait acquis. Un simple balai, posé là.

La culture occidentale valorise hautement la perception visuelle face à l'audition. Notre art, notre manière de nous habiller, de présenter un plat, de nous rattacher à nos souvenirs les plus intimes, tout semble dirigé par la vue. « Il faut l'entendre pour le croire » ne fait pas encore partie de notre vocabulaire. Dans un monde d'écrans et de médiation technologique, notre société ne sollicite guère l'audition. Nous sommes habitués à voir, peu à écouter.

L'audition implique l'idée de la réception, de l'écoute au sens du lien humain. Au degré d'empathie correspond la capacité ou non à entendre l'autre, à prendre en compte ce qu'il dit. C'est pourquoi le médecin questionne son patient avant de l'ausculter. À la manière d'écouter correspond la qualité de la présence.

Au Japon, il est courant de voir des personnes poser l'oreille sur les troncs des arbres, ou enregistrer le son des feuilles d'automne se froissant sous les pas. Dans de nombreux temples, il est possible de trouver des *suikinkutsu*, littéralement des « cavernes du koto d'eau », sorte de grosse jarre enterrée à l'envers sur laquelle de l'eau est versée pour tomber dans un bassin d'eau stagnante situé au fond de la jarre. Il est dit que le bruit des gouttes tombant ressemble au koto, la harpe japonaise. Les Japonais sont très attentifs à ces petits sons, et sont parfois capables de traverser des préfectures pour écouter le bruit d'une fontaine.

Dans *L'Âge séculier*, Charles Taylor écrit : « Le sentiment de vide, d'absence de résonance [...] peut apparaître à travers le sentiment que le quotidien est dépourvu de résonance profonde, qu'il est sec et plat, que les choses qui nous entourent sont mortes, laides, vides, et que la manière dont nous les organisons, façonnons, arrangeons afin de vivre n'a pas de sens, de beauté, de profondeur, de signification. On peut avoir une forme de "nausée" devant ce monde dénué de sens. »

Peut-être entre-t-on en religion par soif, par sentiment du manque. Une fuite loin de ce qui pour nous ne voudrait tout simplement rien dire, une société sans âme ou une vie sans épaisseur ni intensité, qui sonnerait creux et n'aurait aucun tempo. Il y a dans la vie religieuse quelque chose qui ressemble à une aventure, un besoin de vibrer avec la vie au moins une fois.

Lors des cérémonies de *kōdō*, la « voie de l'encens », un petit groupe de personnes se rassemble dans une salle prévue à cet effet, un peu à la manière d'une séance de dégustation de vin. Devant chaque personne se trouve une boîte contenant l'essence de bois brut à humer. L'encens est ensuite préparé. Le verbe « sentir » n'est pas directement utilisé lors de la séance, on lui préfère le terme « écouter l'encens », *kō wo kiku*.

En japonais, le verbe « écouter » est polysémique et signifie à la fois demander, questionner, sentir, apprendre quelque chose. Ce mot implique donc avant tout une mobilisation complète des sens, une qualité d'être et de présence. « Écouter l'encens » est en cela très similaire à l'écoute des soutras. Dans les temples zen, l'encens est utilisé plusieurs fois par jour, avant chaque méditation ou chaque récitation. Tout comme le son des cloches, il est assimilé aux paroles du Bouddha, voix de l'impermanence parfumant le monde de sa vérité, pleine d'arômes subtils et évanescents. Je crois qu'il y a dans l'art de vivre proposé par le zen une intuition forte : l'ouïe est le sens majeur à notre disposition. Si un choix devait s'imposer, il serait sûrement préférable de perdre la vue ou le goût que de sombrer dans la plus complète surdité.

Il demeure que l'ouïe reste un sens négligé. Lorsque j'étais enfant, on me demandait souvent de me taire, de ne pas crier dans la rue ou dans les lieux publics, d'écouter les adultes. Puis, pour une raison inconnue, j'ai cessé d'écouter les grands, et j'ai commencé à parler, bien souvent pour ne rien dire de bien conséquent. Dans un monde où celui qui prend la parole s'impose sur celui qui écoute, où exprimer son opinion est une affirmation personnelle et un marqueur de confiance en soi, écouter est devenu une faculté secondaire. Si j'avais été un enfant discret ne parlant presque jamais, mes parents se seraient probablement inquiétés. Devenu adulte, j'ai exploré les côtes anglaises, les montagnes d'Italie ou les îles bretonnes, et tout naturellement, en rentrant de voyage, je racontais mes périples. J'avais vu, et alors je pouvais parler, témoigner, transmettre mes impressions. Jamais je n'aurais eu l'idée de voyager pour écouter.

Rares sont ceux qui voyagent pour entendre quelque chose. « Venez au Japon pour écouter le vent » ne semble pas très racoleur au premier abord. Pourtant, les grandes figures du zen ont souvent reçu leur éveil à l'écoute d'un son surgissant brusquement au milieu de la routine quotidienne. Une tige de bambou qui tombe dans le jardin, le bruit du vent sur une porte, le rugissement strident d'un animal sortant d'un bois, une pierre tombant dans un lac… Par leur irruption au moment où les moines étaient disposés à les recevoir, ces sons ont permis une conscience profonde de la réalité. Créer le terreau favorable à cette réception est l'un des motifs de la pratique.

Durant ma première *sesshin* dans la petite campagne de Kutsuki, en plein milieu de la méditation, le maître situé derrière les moines frappa violemment le sol avec une lourde planche de bois, d'un coup net et franc. En sursautant, j'ai alors réalisé que je n'étais pas « là ». Comme souvent j'étais à moitié somnolent, égaré dans ma méditation, loin d'être totalement présent. Le but du maître en frappant sur le sol était certainement de provoquer cet état de retour.

Si vous méditez avec un esprit concentré et stable, un grand fracas venant éventrer le calme de votre *zazen* ne vous perturbera pas. Vous accueillerez ce bruit, au même titre que vous acceptiez le silence de l'instant précédent, tout simplement parce que vous vivez les moments tels qu'ils se présentent, les uns après les autres, en eux-mêmes et pour eux-mêmes.

Nous savons désormais grâce aux récentes recherches sur l'épigénétique que notre mode de vie modifie notre

ADN. Notre alimentation, nos manières de bouger, de travailler, de dormir, notre consommation de tabac ou d'alcool, tout cela s'imprime sur nos gènes. Cela concerne également nos émotions qui façonnent, à leur manière, notre structure biologique. Lorsque notre niveau de stress et d'anxiété évolue, les scientifiques ont remarqué un allongement des télomères, cette extrémité du chromosome participant au patrimoine génétique. Tout n'est donc pas déterminé à l'avance, et nos conditionnements mentaux s'impriment dans notre profil génétique. Il n'existe pas d'expérience neutre. Méditer quinze heures par jour, manger une pizza, ou peut-être faire les deux en même temps, chaque action, bonne ou mauvaise, laisse son empreinte en nous bien plus que nous ne l'imaginons. Notre manière de nous connecter au monde, de le ressentir intuitivement et sensuellement, n'est pas anodine.

Les histoires de *yūrei*, les fantômes, sont très courantes au Japon. Aussi, la plupart des Japonais disent « entendre » les fantômes, les « sentir » sans jamais les voir. Certains employés évitent de rester trop tard dans les locaux de leur entreprise car ils « ressentent » les fantômes. De nombreuses maisons restent invendues durant des années car le contrat de vente spécifie la présence officielle d'un fantôme. On ne compte plus les chauffeurs de taxi témoignant avoir eu un client se volatilisant durant la course, ce dernier étant sans aucun doute un fantôme. Dans *Les Soirées de Saint-Pétersbourg*, Joseph de Maistre remarquait justement avoir « lu des millions de plaisanteries sur l'ignorance des anciens qui voyaient des esprits partout. Il me semble pourtant que nous sommes beaucoup plus sots, nous qui n'en voyons nulle part ».

Je n'ai jamais vu un *yūrei* en posture du lotus sur mon coussin de méditation, mais il est certain que l'inconscient collectif japonais oblige à prendre au sérieux la question de l'invisible. Ce que l'on ne « peut » pas voir renvoie d'abord à ce que l'on ne « veut » pas voir, à une présence refusée. Que le fantôme existe ou non n'a pas d'importance, vous ne pourrez de toute façon rien prouver. Vous pouvez considérer un caillou comme un agrégat minéral tombé sur le sol par effet gravitationnel, mais si vous vous concentrez sur ce simple caillou durant des heures, si vous le visualisez et restez avec lui toute la journée, si vous l'emportez partout avec vous, le caillou finira par être habité de quelque chose. Qu'est-ce qu'une forêt ? La manifestation d'un monde infranchissable ou bien un gigantesque stock de bois permettant de faire des tables peu chères pour étudiants précaires ? Personnellement, je préfère vivre dans un monde où chaque chose résonne, et accepter cette résonance est, je crois, une étape importante de la voie religieuse.

En arrivant au temple, je m'imaginais un monde de silence total, de recueillement, de calme. Rien de plus faux. Tout au temple n'est que musique, rythme, élan. Le son hypnotique du *mokugyo,* le claquement du *moppan*, la force inquiétante du *hokku*, l'onde profonde du *keisu* à laquelle s'associent les innombrables voix de la nature. Le frottement discret des *shoji* indiquant que le *jikidō* vient de terminer son offrande d'encens, ce même encens qu'il faut « écouter ». La porte grinçante de la remise qui permet au *tenzo* d'aller chercher du riz ou de la farine supplémentaire, le bruit des petites plaques de bois indiquant la préparation du bain, le crépitement léger et constant du feu maintenant la soupe miso au chaud...

Il y a aussi le son des pieds nus glissant sur les tatamis, le froissement de la robe que l'on déplie pour mieux s'asseoir en *zazen*, la plainte des murs lorsque la neige dégouline du toit. Et bien sûr, comme un chef d'orchestre accompagnant l'ascèse, la nature scandant les jours. Durant la saison des pluies, typhons et bourrasques donnent au temple une allure de grand vaisseau de bois. La brume du matin tamise le chant des chevreuils si vigoureux au printemps. L'été, les grenouilles accompagnent nos récitations matinales, semblant elles aussi exprimer une quelconque vérité impénétrable. L'automne, la chute intarissable des feuilles de ginkgo et de *momiji* annonce le grand murmure hivernal à venir.

Paradoxalement, je n'ai jamais entendu autant de bruit que lorsque je vivais au temple, tout simplement parce que jamais je ne fus aussi présent à moi-même et conscient du monde qui m'entourait.

10

L’éclat des rizières

水田の光

À la lisière de la montagne bordant la route menant aux bâtiments du temple, juste après ce grand escalier de pierre qui file droit vers le ciel, trois grandes rizières rayonnent comme un vaste miroir, couvertes de reflets de jade et de bleu de guède, un étang décoloré et ourlé par le souffle du vent. Un éclat du réel. Engluées dans une boue grise masquée par le vernis brillant de l’eau, les jeunes pousses sont là, en avant-poste.

À ces petites tiges vertes et fragiles qui ballottent dans l’air, nos vies sont suspendues. Comment tournera la récolte ? Pourrons-nous manger du riz l’an prochain ? Cultiver la terre revient à déposer ses angoisses et ses craintes dans une nature dont les rouages demeurent secrets. Faire confiance, et avancer vers un horizon de promesses comme on entre dans un grand doute. La culture du riz est aussi une école de foi.

De l'été à l'hiver, du printemps à l'automne, la vie du temple semble ne tourner autour que d'un même gigantesque totem : le riz. Chaque jour, nous mangeons du riz. Riz blanc, riz complet. Riz en gruau, riz aux herbes, riz aux haricots rouges. Les rizières forment le paysage dans lequel nous évoluons. Au lever, nous les voyons depuis le Hondo. Au coucher nous en devinons la forme obscure depuis la grande fenêtre du couloir principal. Nous vivons au rythme du riz, nous parlons du riz, nous pensons au riz. Dans la bibliothèque du temple, les livres sacrés du bouddhisme côtoient les ouvrages sur la culture du riz.

Cette céréale n'a rien d'un à-côté gustatif comme un morceau de pain venant se perdre dans une sauce, elle charpente toute notre pratique du zen, elle dirige le temple et impose son rythme, comme un cap indépassable venant donner sens à notre présence ici.

L'importance du riz dans la culture asiatique est souvent négligée par les étrangers. Moi aussi, je n'imaginais pas qu'une si petite graine puisse avoir une place aussi importante dans la vie quotidienne des Japonais, et il est peut-être difficile de comprendre cela sans avoir soi-même cultivé du riz.

Autrefois, les villages s'organisaient autour d'un champ, de préférence argileux, censé nourrir une ou plusieurs familles. Le système d'irrigation nécessaire à la culture du riz s'avère assez complexe. Vous devez tantôt recouvrir la rizière d'eau, tantôt l'assécher complètement. Cette irrigation est permise grâce à un point central de tirage, souvent issu d'une rivière de montagne, qui relie les rizières entre elles grâce à un système de canaux, ces derniers permettant de bloquer ou de faire entrer l'eau dans la rizière. Si un paysan situé en amont du système ouvre la vanne et dirige l'eau vers son terrain, les rizières suivantes ne pourront logiquement être irriguées et devront attendre leur tour. Cultiver le riz exige une grande coopération entre les fermiers d'une même aire d'exploitation.

Aujourd'hui encore, bien que la modernisation des techniques facilite la production, il existe des associations agricoles divisées par petites aires géographiques permettant aux paysans de décider collectivement de la bonne utilisation de l'eau. Il est souvent dit que le caractère collectiviste qui traverse les cultures asiatiques provient en grande partie des contraintes liées à la riziculture. Une grande partie des rues dans les grandes métropoles japonaises n'ont pas de numérotation claire comme en Europe, le découpage des villes se comprenant d'abord sous la logique du quartier et du voisinage, plus que par maison ou bâtiment privé. Le mot pour exprimer le « quartier », apposé à chaque adresse, est d'ailleurs un dérivé du même idéogramme exprimant la rizière, montrant à quel point la culture du riz implique l'idée de la vie collective plutôt que de l'habitat individuel.

Le temple dispose de ses propres rizières, et nous ne sommes pas dépendants d'autres paysans. Cependant, le climat froid des montagnes et la faible mécanisation implique de presque tout faire à la main, chose qui a totalement disparu dans l'archipel. Le riz nécessite énormément de travail, et la réalité est bien loin des cartes postales idylliques pour touristes montrant de belles rizières irriguées face à la mer.

Nous utilisons deux variétés : *Hitomebore,* une variété commune vendue dans tous les supermarchés, et *Yamahoshi*, une vieille variété de riz aujourd'hui disparue et introuvable à la vente. Nous récupérons ces graines grâce à un ancien moine du temple, aujourd'hui abbé dans la préfecture de Tottori, passionné des semences et des variétés anciennes. Comme tout travail agricole, la riziculture suit le rythme des saisons.

En mars, il faut trier les bonnes et mauvaises graines. C'est l'étape du *ensui* : nous plongeons les graines de l'année passée dans de l'eau tiède et du sel pour ne conserver que celles qui coulent au fond de la bassine, la légèreté d'une graine signifiant son altération. Nous avons en général entre quinze et vingt kilos de graines. Ces dernières sont mises dans un sac en toile et plongées dans un étang à dix degrés, durant une dizaine de jours. Parallèlement, nous préparons le sol de la rizière en construisant des délimitations en terre, divisant ainsi la rizière en différentes aires de culture.

Au mois d'avril, nous plantons les graines de riz. Pour ce faire, les sacs de graines sont sortis de l'étang où ils étaient pour être plongés dans l'eau tiède du bain conservée après la toilette du soir. Durant une nuit, les graines resteront dans le bain à température descendante, afin d'activer la germination. Sorties de l'eau et une fois séchées, elles sont plantées dans de petites palettes de plastique prévues à cet effet, placées sous une serre de jardin et arrosées très régulièrement.

Il nous faut alors irriguer les champs. Les rizières du temple ne sont pas professionnelles et comportent de nombreuses irrégularités, bosses, trous et autres aspérités. Il est donc nécessaire d'aplanir la boue argileuse pour que le riz puisse être repiqué avec régularité. Cette étape de hersage réalisée à la main et au pied, là où les agriculteurs japonais utilisent un tracteur, est sûrement la plus ingrate. Nous devons marcher dans une boue épaisse afin d'étaler la boue harmonieusement grâce à une sorte de grande raclette en bois que nous tractons derrière nous. Je me souviens encore de mes jambes couvertes de boue, de sangsues et de piqûres de taons... Au bout de plusieurs jours, nous pouvons en théorie obtenir une rizière à peu près plate.

Le niveau d'eau est alors baissé et nous dessinons des lignes dans la terre consolidée qui serviront de repères pour repiquer le riz, désormais haut d'environ vingt centimètres. C'est l'étape clef de *taue*, qui a généralement lieu au début du mois de mai. Le repiquage doit être réalisé en une seule journée, par beau temps, avec le maximum de main-d'œuvre possible, quand bien même il faudrait faire venir des personnes extérieures au temple. Une fois le riz replanté, une fête est organisée et le jour suivant est chômé. S'ensuit alors une longue période de vérification du niveau d'eau, de désherbage à la main, de contrôle de la couleur des jeunes pousses. Le seul moment où nous n'entrons pas dans les rizières est le moment de la floraison, pour ne pas perturber la pollinisation.

La récolte du riz, *inekari*, a lieu sous la chaleur du mois de septembre. C'est le résultat d'environ six mois de travail et d'inquiétude – d'avoir raté une étape, de l'arrivée d'un typhon fauchant la récolte au dernier moment, d'une maladie soudaine et inconnue, d'un sanglier surgissant de nulle part pour tout détruire... Les plants d'un peu moins d'un mètre sont alors coupés et disposés sur de grandes installations en bambou à l'extérieur pour sécher durant environ trois semaines. Ensuite, nous séparons la tige et les grains grâce à une petite machine, brûlons la paille dans le champ, dispersons les cendres et sélectionnons les meilleures graines pour l'an prochain.

L'écorce broyée entourant les grains est ensuite répandue dans les champs pour servir d'engrais. Les grains de riz récoltés sont régulièrement sortis des sacs pour être aérés et séchés une nouvelle fois. Alors, nous pouvons commencer à le consommer régulièrement.

Quelle incroyable sensation que de manger le riz que l'on a intégralement cultivé ! Le riz bien chaud nouvellement récolté, le *shinmai*, a une saveur différente du riz conservé depuis longtemps. Son odeur est douce et sucrée, rassurante. Son goût profond, indescriptible. C'est certainement la meilleure chose que j'ai pu goûter au Japon, du bon riz blanc cuit dans une grosse marmite sur un feu de bois. Nous servons toujours ce premier riz en grande quantité et apprécions en silence le travail accompli. Puis, nous offrons quelques grains aux esprits affamés, en déposant le riz cuits dans une petite coupelle située en bout de table. Cette offrande symbolise la fin d'un grand cycle annonçant l'hiver. Bientôt les rizières se draperont d'une épaisse couche de neige, comme une préparation nécessaire à la nouvelle saison.

Au-delà de sa culture, le riz est une école. Nous vivons avec lui, pensons à lui, méditons avec lui. Comme un maître entouré de ses disciples. Quoi de mieux comme temple qu'une vaste rizière ? Il faut à chaque étape veiller sur les jeunes pousses, arroser, observer, protéger. Une rizière est un petit monde, plein d'insectes, de serpents, d'oiseaux, de mulots et de souris en tous genres. Un univers quadrillé de vies.

Au temple, le mot « sentiment » est toujours utilisé négativement, alors qu'en japonais ordinaire sa connotation est généralement positive. Il est dit que pour vivre la réalité il faut se garder de trop suivre les fluctuations émotionnelles intrinsèques au cœur humain. En français, les mots « ressentir » et « ressentiment » sont proches, et l'« affection » souligne également l'être « affecté » par la maladie. Si vous lisez des ouvrages d'agriculture en japonais, il est courant de trouver des formules comme « il est inutile d'aimer vos légumes ».

En Europe, on décrit le bon jardinier comme un être passionné débordant d'amour et d'intérêt pour ses fruits et légumes. Au Japon, pays où l'épanchement de soi est jugé vulgaire, un bon jardinier sera d'abord un jardinier mesuré, distant, délicat. Pourquoi imposer vos sentiments à des plantes qui ne demandent qu'à pousser? Pourquoi provoquer gêne et désordre avec des émotions dont le riz n'a que faire? En réalité, vous dérangez vos cultures. Un bon moine, comme un bon jardinier, doit s'accorder à la nature, vivre selon son rythme, non s'imposer à elle.

La culture du riz est aussi pour les moines un symbole initiatique, une voie mystique. Elle renvoie directement à la robe du moine, le *kesa.* Les Écritures nous disent que le roi Bimbisara vint un jour trouver le Bouddha pour lui demander de revêtir un signe distinctif permettant d'identifier facilement ses disciples des pratiquants d'autres courants religieux. Le Bouddha accepta. Plusieurs semaines plus tard, lors d'un voyage dans le Sud pour diffuser son enseignement, le Bouddha fut marqué par la beauté d'une rizière trouvée en chemin, organisée en différentes aires de culture séparées par de petits monticules de terre, des chemins plus ou moins réguliers, ressemblant à un grand tissu plein de symboles. Il demanda à son disciple Ananda de dessiner une robe à l'image de cette rizière. Ce dernier s'exécuta et ramassa des fragments de tissus qu'il teignit et cousut ensemble. Le Bouddha adopta la robe, le *kesa*, comme habit pour ses disciples.

À l'époque du Bouddha, les premiers moines cousaient ensemble des morceaux de tissus sales ou impurs. Dans notre tradition, la robe monastique est également nommée *funzoe*, « l'habit pour essuyer les excréments ». J'ai entendu dire que certains moines cousaient encore le *kesa* à partir de draps d'hôpitaux ayant accueilli des personnes décédées ou incontinentes. Quelles que soient la tradition et l'époque, l'idée centrale demeure : la robe la plus haute et la plus sacrée du bouddhisme est aussi la plus ordinaire, la plus bassement considérée. Le moine est d'abord celui qui épouse l'ordinaire, il médite, mange, s'habille, fait le ménage, dort et, s'unissant aux instants qui défilent, approfondit une pratique prenant racine dans la bassesse du monde. Les derniers seront les premiers, et l'impureté sera sanctifiée.

Grande bande rectangulaire faite de cinq, sept, neuf ou plusieurs bandes de tissu, le *kesa* tire son nom d'une translitération du sanskrit *kasaya,* exprimant la couleur ocre et terreuse d'origine. Mais si vous vous rendez dans un temple japonais, vous verrez des moines portant des *kesa* plus ou moins colorés, plus ou moins chargés en ornementations. Aujourd'hui, la robe n'est pour beaucoup qu'un pur objet permettant de signifier un rang dans l'organigramme monastique. Le sens profond du *kesa* a peu à peu disparu.

Ayant une profonde dévotion envers le vêtement monastique, le maître référent de notre lignée, Kōdō Sawaki, disait du *kesa* qu'il était « quelque chose qui n'est pas clair ». Par sa couleur cassée, son tissu informe et raccommodé, ses dimensions non standardisées, le *kesa* est sans obstacles, sans horizons. La « rizière du bonheur sans limites ». Il ne symbolise pas uniquement l'enseignement du Bouddha, il l'incarne, et en dehors de lui rien n'existe.

La robe, c'est le monde, les villes, les campagnes, le métro de Tokyo ou les cerisiers de Yoshino. Comme la boue gluante et sale de la rizière, le *kesa* est un élément du paysage, il provient du centre du monde, dépassant les frontières abstraites entre profane et sacré. Nous évoluons nous-mêmes dans le *kesa* de la réalité, comme des points de couture posés ici ou là sur le grand vêtement du réel. « Le plan des rues de Kyoto et de Nara ressemble à un *kesa* », disait Sawaki faisant de la robe du Bouddha le quadrillage de l'univers.

L'image est forte. Lorsque nous devenons moines, nous recevons le *kesa*, à l'image du Bouddha qui reçut lui aussi la première robe de son disciple Ananda. L'habit monastique n'est pas le résultat d'un travail fourni ou un mérite venant clôturer un projet, il est une donation, une offrande. Ce point est très important. Si vous confectionnez un *kesa*, il sera offert lors d'une ordination, mais ne sera jamais le vôtre. Mon *kesa* a par exemple été cousu lors des sessions de couture organisées par Sawaki, par un moine qui restera totalement anonyme.

Se couvrir du *kesa*, c'est donc aussi vivre dans la gratitude, à la fois envers la lignée et les patriarches mais également envers l'ensemble de ce qui tisse votre vie. La fabrication de l'habit est d'ailleurs toujours imparfaite. Les points de couture ne suivent pas une unique et même règle, les imprécisions sont pardonnées sans être pourtant recherchées, les couleurs et les formes sont volontairement floues et imprécises. Refaire un *kesa* parce qu'il ne correspondrait pas au goût du moine est impensable.

À Kyoto où je vis désormais, ma femme pratique le tricot et la couture. Ayant l'esprit aussi distrait que moi, il lui arrive régulièrement de manquer des points lorsqu'elle confectionne des bonnets ou des gants. Elle doit alors tout reprendre à zéro, et il vaut mieux se situer dans une autre pièce quand cela arrive, l'expression de son agacement étant similaire à un petit séisme.

Au Japon, il existe un certain nombre de temples spécialisés où la couture de la robe de moine vient remplacer les sessions de méditation. Comme une grande *sesshin* où chaque pratiquant se concentre sur son aiguille et les points à exécuter, un maître en couture enseigne au pratiquant à ne jamais penser au point d'avant ou d'après, à simplement faire ce qui doit être fait au moment où cela doit être fait, sans trop de diligence, sans trop de distraction. À l'image du jardinier devant oublier sa sentimentalité pour cultiver au mieux ses légumes, la couture dans la voie du zen implique de lâcher tout objectif. Il ne faut pas coudre pour réaliser un vêtement, il faut coudre pour coudre, instant après instant, point après point. L'excitation de l'achèvement, la peur de l'échec, l'idée même de la réalisation doivent être si possible abandonnées.

Antai-ji n'est malheureusement pas un temple où la couture du *kesa* ou du *rakusu*, la version miniature de la robe monastique portée au cou et descendant sur la poitrine, est proprement enseignée. Comme pour préparer une rizière et cultiver le riz, coudre nécessite un temps et une dévotion infinie, et le caractère auto-suffisant du temple empêche de pratiquer cet exercice comme il le faudrait.

Seul l'hiver permet aux moines qui le souhaitent d'approfondir leur pratique de la couture. Nous nous retrouvons alors autour du petit poêle à bois ou bien restons seuls dans une pièce calme du temple, et entretenons nos robes, kimono, *kolomo*, *kesa*, *rakusu* et tout autre vêtement issu de la tenue monastique, demandant parfois conseil aux plus expérimentés ou en examinant les livres de couture de la bibliothèque. Une grande partie des moines ayant pratiqué avec moi n'avaient aucun intérêt pour la couture, préférant se concentrer sur l'étude des écrits philosophiques de Dōgen. Seul avec Icchū dans une petite pièce à l'étage du temple, nous raccommodions nos robes trouées ou abîmées, comme deux novices maladroits et sans expérience brodant la robe imparfaite des bouddhas ordinaires. Nous passions ainsi notre temps à mal faire, sans efficacité aucune, simplement dans la concentration des débutants à la main tremblante.

Plus que la couture, le port du *kesa* est fondamental. Comment porter cette robe, à la fois si importante et si ordinaire, si élevée et si rabaissée ? Lorsque nous méditons le matin dans le Hondo, nous ne portons pas le *kesa*. Nous sommes vêtus de la robe classique, le *koromo*, le *kesa* restant bien plié dans un petit sac en tissu. Nous le déposons devant notre coussin de méditation. Quand sonne la cloche clôturant les deux heures de *zazen*, encore assis, nous sortons le *kesa* du sac et, tout en le gardant plié, le posons sur nos têtes. Nous avions l'air fin, une belle rangée de moines, les mains jointes devant eux, un gros carré de tissu plié sur le crâne à l'image de ces femmes africaines transportant fruits et légumes à la force du cou...

Puis, tout en tenant la posture, nous chantons trois fois le *Soutra du Kesa*, d'une même voix monotone et grave : « *Dai sai gedap puku musō fuku den e hibu nyorai kyo kōdo shoshu jo.* Qu'il est grand, l'habit de la Délivrance ! Un champ de bénédictions, une robe dépourvue de forme ! En revêtant révérencieusement les enseignements des Ainsi-Venus, Nous libérons amplement tous les êtres sensibles ! » Nous saisissons alors le *kesa* sur notre tête et le déposons sur notre épaule gauche, puis le déplions en le faisant tomber en arrière. Chaque moine s'empresse ainsi de revêtir sa robe le plus vite possible, toujours assis en posture de méditation. Une vraie course à celui qui aura enfilé sa robe le plus vite !

Lorsque j'ai reçu mon *kesa*, je ne savais absolument pas comment m'y prendre avec cette espèce de grande cape noirâtre. Par quel bout vais-je bien pouvoir enfiler ce grand machin ? Je me souviens de la première fois où j'ai dû mettre publiquement mon *kesa*, j'étais d'une lenteur et d'une hésitation incroyables ! Faut-il vraiment déplier tout ça ? Comment nouer et replier le devant ? À quelle hauteur régler la robe ? Un chat s'enroulant dans un plaid ! Tout le monde était déjà prêt, debout et m'attendant en silence, alors que je luttais encore assis à tenter d'enfiler correctement ce tissu qui semblait avoir trente-cinq côtés ! Le *kesa* ne doit toucher le sol ou être foulé du pied, il doit donc être parfaitement mis dès le départ. Une fois ajusté, je me lève de mon coussin, et un autre défi commence : le repas.

Manger en robe monastique impose une grande attention. Vous ne devez surtout pas vous tacher et vos manches ne peuvent pas tremper dans la soupe. Plus vous bougez et plus la robe glisse légèrement ou peut se dénouer, il faut donc rester le plus immobile possible, limitant les mouvements de vos bras et de vos mains au minimum. Grâce à l'*obi*, la large ceinture venant fermer le kimono sous la robe, le dos est étonnamment soutenu et rien n'est plus confortable que de manger ainsi, parfaitement droit, posture favorisant par ailleurs la digestion.

Porter le *kesa* signifie aussi porter une conduite. La robe, à la fois sobre et grandiose, triviale et noble, façonne sans conteste le comportement de celui qui la dépose sur lui. Dans le bouddhisme, l'habit fait le moine au sens le plus profond du terme. Le vêtement donne à la tradition religieuse une jouvence, votre corps devenant un support pour exprimer l'actualité de la Voie. Ce n'est plus de vous en tant qu'individu qu'il est question, mais d'un moine dont la personnalité se dilue dans l'habit lui-même, évoquant la lignée des patriarches et des maîtres qui ont porté la robe des bouddhas assis. Il sera donc attendu que vos actions soient dignes de la tradition exprimée.

Lorsque je revête le *kesa*, il est clair pour moi comme pour autrui que je ne suis plus Clément, Français un peu fou aimant les palets bretons, mais Tōzan, moine zen disciple du Bouddha. L'habit impose la fonction, au même titre qu'un style architectural donne à une ville son caractère ou que la présentation d'un plat lui donne sa dimension. La dichotomie entre l'être et le paraître, le fond et la forme, le superficiel et le véritable, est rendue caduque par l'habit religieux. Ce que l'on voit de vous par la tenue est justement ce que vous êtes dans le plus profond de votre être, votre nature originelle que vous exprimez dans le monde physique. Le *kesa* est donc le contraire absolu de la mode : il ne s'agit pas de se démarquer par une possession mais de se déposséder de toutes marques.

Dans un livre sur le saké, Nancy Matsumoto et Michael Tremblay citent le poème de Kasui, de son vrai nom Kameji Abe, un vieux cultivateur de riz dont le loisir fut d'écrire des haïkus.

Omou mama	思うまま	Progresser sur le chemin
Michi hakadoranu	道はかどらぬ	Est plus lent que prévu
Inami kana	稲見かな	Observer les plants de riz…

La dernière expression, *inami kana*, est une référence à une loge lunaire de l'astronomie chinoise, que l'on pourrait traduire par « l'étoile qui apparaît au moment où les pousses de riz commencent à être vues ».

Comprendre la culture du riz est un travail sans fin, qui demande diligence, modestie et effort. Si vous voulez réellement cultiver une rizière, il vous faut lâcher l'idée du résultat final et s'attarder sur ce que vous ressentez profondément en voyant les jeunes pousses grandir. Vous devez tisser un lien avec le riz qui ne soit pas émotif ou romantique, vous permettant d'agir avec discernement et respect. Si tout est fait convenablement, la pratique aussi agira en vous comme une graine germant dans l'esprit, s'enracinant dans le fond inconnu de votre être, telle cette étoile accompagnant les grandes naissances qui percent la surface.

11

La vraie pratique

本当の修行

Comment résumer ces trop brèves années passées au temple ? Durant ma vie dans les montagnes, je n'ai finalement rien fait de bien particulier. Je me suis levé chaque matin, je me suis assis sur un coussin, j'ai mangé, lu, nettoyé le sol, travaillé en extérieur. Vivre dans un temple n'a vraiment rien d'exceptionnel. Et pourtant, tout y est différent.

Je sais aujourd'hui que je suis venu au zen par égoïsme. Lorsque je me suis présenté sur le seuil de la grande porte principale pour commencer ma pratique, j'étais un jeune idéaliste pétri de romantisme, ne sachant pas bien comment utiliser tout ce temps que la vie m'avait donné. Le goût du voyage, des lectures sûrement prises un peu trop au sérieux, quelques rencontres décisives, beaucoup d'illusions, voilà tout. Je pensais alors donner ma vie au bouddhisme, mû par l'arrogance de croire qu'il était possible de devenir sage et clairvoyant en quelques années. J'étais entré en religion pour de mauvaises raisons et, me rendant compte de cet état, je m'étais résolu à faire de ces motifs intérieurs une pratique authentique.

C'était peut-être cela, le travail du moine. Apprendre à jouir du caractère simple, dérisoire et souvent ridicule de la vie. Était-ce si difficile à dire ? À l'impossibilité de se concentrer pendant *zazen*, on préférera citer un poème mystérieux de l'époque Edo. Aux doutes sur sa propre foi, on évoquera les vertus de compassion et d'amour, sans bien comprendre ce qu'elles recouvrent précisément. Évitant de trop expliquer la complexité du bouddhisme, on se dérobera dans une formule laconique disant que « seul *zazen* suffit ».

Les moines aussi aiment montrer leur plus beau visage. Tant de parades et de belles histoires. Le zen, justement, commence lorsqu'on arrête de raconter des histoires. Voir les choses comme elles sont, rester clair avec soi-même. De cette sincérité sans cesse renouvelée découle tout le reste.

En pratiquant intensément durant deux ans, je n'ai rien trouvé de bien différent. Je fus une fois de plus ramené à ma médiocrité, mes insuffisances, mes limitations humaines. Mais en vivant sous l'horaire monastique, j'ai malgré tout appris à savourer chacun des jours, durs comme joyeux. J'ai aimé contempler les reflets bleutés sur les montagnes aux courbes douces, j'ai pris plaisir à repiquer le riz, à écouter les bruissements de la neige au petit matin. J'ai englouti chaque repas comme si c'était une fête et, plus important encore, j'ai pu profondément enraciner et nourrir ma foi.

Je me souviens des grandes réunions que nous faisions après les longues sessions de *zazen* durant l'été, juste après l'office. Nous nous réunissions autour d'un feu, sur le terrain central en face des cuisines, et nous faisions la fête sous la lune triomphante, dans un monde sans nuage ni soucis. Je regardais l'abbesse et les autres moines, buvant du saké en riant. Un moine essayait de souffler dans un vieux *shakuhachi* trouvé dans la grange, un autre parlait de philosophie chinoise à un novice tournant son regard vers l'alcool de prunes. Nous ressemblions à une bande de vieux amis en vacances. Nous venions pourtant de passer cinq jours en *zazen*, quinze heures par jour assis en position du lotus, rectifiés par une douleur incessante, l'esprit encore flottant et les gestes pleins de buée. Nos vies étaient bien loin d'être celles de ces grands ermites chinois qui, dit-on dans les vieux livres, ne se nourrissent que de racines en vivant dans des grottes.

Allais-je vraiment pouvoir quitter ce temple ? Je me préparais à expliquer à mes proches qu'il serait alors inutile de tourner vers moi leurs pensées, car j'avais trouvé l'endroit définitif et idéal pour vivre. Puis, je revenais à la raison, le regard perdu dans le feu grandissant. Serait-il bon d'aller pratiquer dans un autre temple, de rester encore un peu, quelques mois, une année, ou tout simplement de retourner dans la société normale? Qu'allais-je bien pouvoir faire si je devais revenir à Kyoto ou Osaka? Je n'étais pas parti depuis bien longtemps, mais la vie ici était si différente, si pleine, tout cela paraissait des montagnes de siècles. Je pourrais bien vieillir ici, après tout. Je ressemblerais aux maîtres passés, un peu aigri par moments, drôle parfois, veillant à ce que le thé servi ne soit jamais trop chaud, jamais trop tiède. Rien ne se passerait de nouveau, rien ne serait non plus totalement semblable, et la vie serait juste bien comme elle est.

Pourtant, sans trop savoir pourquoi, j'ai senti le besoin de m'extraire de ce petit monde pour partager mon expérience. Comme étranger, ne pouvant hériter d'un temple pour en devenir l'abbé principal, deux options s'offraient à moi: continuer la pratique dans un autre temple afin de viser une responsabilité dans le système clérical japonais, ou revenir à un mode de vie plus simple et anonyme, proche des laïcs, tout en conservant une pratique dans une petite structure sans prestige.

Je crois que je n'aurais pas été très bon dans le monde clérical, qui bien que nécessaire n'est tout simplement pas le mien. Je n'ai jamais été doué pour construire une carrière. Ma rencontre avec Seigaku-san lors d'une cérémonie donnée au temple fut sûrement importante. Formé à Eihei-ji et désormais connu au Japon et en Occident grâce à un petit livre sur l'art de manger dans le zen, cet amoureux de Berlin pratiqua quelques années en Allemagne avant de revenir au Japon avec sa famille. Un moine sans attache, lui aussi. Au cours de nos conversations, je me rendais compte de la possibilité d'une pratique authentique et discrète, loin des rigidités de l'institution.

Dès lors, la poursuite d'une carrière monastique officielle ne faisait plus aucun sens pour moi. Il valait mieux devenir un simple moine, sans aucune possibilité de recevoir un quelconque avancement attesté par je ne sais quel tampon pouvant prouver d'une quelconque lignée fantasmée de je ne sais quel temple plus ou moins réputé. Rester un *unsui* me convenait bien, une sorte de novice perpétuel, un apprenti permanent, minable et bon à rien, comme ces vieux moines des grands temples qui, refusant toutes promotions, aimaient en rester aux tâches les plus ingrates de la cuisine ou au désherbage du jardin.

Au Japon, les lieux de formation zen ferment les uns après les autres, les grands temples n'ont bien souvent pas plus d'une dizaine de novices dans leurs murs. De tous les côtés, le bouddhisme institutionnel prend l'eau. Les jeunes générations, tout en restant curieuses d'une spiritualité dont ils ignorent presque tout, ne sont guère intéressées par les pourtant nécessaires rites funéraires proposés par des moines ayant transformé leur pratique en routine professionnelle.

Je ne sais comment évoluera le bouddhisme à l'avenir, au Japon ou ailleurs, mais être un moine dans l'époque moderne est une aventure fascinante, à la fois ironique et merveilleuse. On me demande parfois si j'ai quitté le temple pour retrouver une vie plus simple et confortable, mais il aurait été bien plus facile de rester dans les montagnes, coincé dans une belle histoire auréolée de fantasmes japonisants, sans jamais confronter mon rapport personnel et intime à la réalité sociale.

Lors de l'annonce de mon départ, après deux ans passés à ses côtés, l'abbesse du temple ne m'a dit qu'une chose : « C'est maintenant que la vraie pratique commence. »

Nous étions encore en hiver. Avant de regagner Kyoto, j'ai décidé de vivre un temps de la mendicité, à Kobe et Osaka. Il faisait très froid, et les gens venaient me voir spontanément, m'apportant du thé chaud ou des biscuits au matcha, discutant avec moi. J'expliquais alors ma situation et, plusieurs fois, on m'a proposé le couvert et le gîte. À Kobe, devant la gare, un sans-abri venait systématiquement s'asseoir à mes côtés. Je suppose que ma présence incitait les passants à lui donner des pièces. Après plusieurs jours, je suis arrivé à Kyoto où j'ai décidé de m'installer définitivement, dans un endroit calme au pied des montagnes.

Puis, les choses se sont rapidement enchaînées. J'ai dû reprendre une vie « normale », me lever sans le vacarme énergique de la cloche sonnée par le *jikidō*, recommencer à payer des factures, faire des courses. Je me suis retrouvé devant les rayons du supermarché, aussi immobile qu'une pierre, à me demander comment la civilisation en était arrivée à proposer une vingtaine de goûts différents pour une mayonnaise.

Il a fallu faire des papiers administratifs, régulariser mon visa, me réinscrire au système de retraite, acheter un abonnement téléphonique, faire toutes ces choses que l'on dit nécessaires. « C'est maintenant que la véritable pratique commence. »

N'étant plus dirigé par la discipline du temple, j'avoue avoir eu certaines difficultés à réintégrer une routine saine. Je me levais tard, ne faisais pas le ménage systématiquement, je ne mettais plus toute mon énergie à cuisiner. J'étais réticent à méditer chaque matin et chaque soir. Qu'avais-je vraiment retenu de tout ça ?

À Antai-ji, je vivais avec le minimum, sans me soucier des jours à venir. J'étais dans un endroit préservé, propice à la pratique, avançant dans la vie au rythme des saisons. Je ne m'étais pas rendu compte à quel point je m'étais écarté de la société des hommes, moi qui pensais faire *zazen* pour me connecter au monde. Dans ce bref retrait de vie passé au temple, j'étais redevenu vierge de beaucoup de choses, j'avais oublié certains codes élémentaires, ces règles d'une société que l'on pense normale jusqu'au jour où on la quitte.

Nier ou affirmer est toujours facile. Il vous suffit de prendre une décision une fois pour toutes, et de la suivre. Que vous adhériez complètement au monde matérialiste que l'on vous propose ou que vous le rejetiez, il vous suffit d'être têtu pour mettre en adéquation vos pensées et vos actes. Mais avoir une vie équilibrée, harmonieuse et nuancée est beaucoup plus compliqué, cela nécessite de l'écoute, une attention sans cesse renouvelée, des concessions régulières, une grande capacité à se repentir.

Je ne connais personne qui soit devenu moine uniquement pour les beaux yeux du Bouddha. Il y a dans le choix de la voie monastique des résidus d'orgueil, une certaine vanité cachée sous les mots bien choisis de la spiritualité. La vocation est un sentiment complexe, indescriptible. Pourquoi certains sont-ils appelés plus que d'autres ? Je n'en sais rien. Mais moine ou laïc, nous sommes chaque jour intoxiqués par la jalousie, les regrets, le ressentiment, nous inventons des chimères pour sortir indemnes des reproches d'autrui. Cette tension qu'il faut considérer avec discernement est un pan important de la vie intérieure. « Je suis attentif à ne pas être celui qui a réussi. Il n'y a rien d'autre à faire que de s'effacer tranquillement. D'un point de vue religieux, ceux qui ne sont pas conscients de leur banalité sont superficiels et comiques », écrivait le vieux Sawaki.

Une fois établi à Kyoto, je me suis marié avec Narumi, voulant enraciner durablement ma vie religieuse dans un quotidien partagé. Sa famille m'a accepté, et je pense m'être fait une place dans ce petit monde japonais encore très loin des standards européens. Comme mes anciens maîtres me l'avaient dit, le mariage est un beau prétexte pour approfondir la

Voie, le spirituel ayant besoin d'être bousculé par un quotidien confronté au regard de l'autre.

J'ai ensuite décidé de revenir pour quelques semaines en France. Cela faisait plus de quatre ans que je n'avais pas vu ma famille. Je fus profondément heureux de revoir mes proches, notamment mes parents, et à mon grand étonnement presque personne ne m'a questionné sur le bouddhisme en tant que tel. « As-tu une protection sociale en tant que moine ? » ; « tu as pensé à la retraite ? » ; « de toute façon, le bouddhisme, c'est comme toutes les religions, une sorte de secte » ; « du coup, tu peux avoir des relations sexuelles ? »

L'argent, le sexe, l'administration… D'une certaine manière, je retrouvais bien là l'esprit d'une partie de ces Français pour qui la religion semble aujourd'hui un élément du passé, un continent dangereux ou étrange, rigolo ou atypique. Le bouddhisme a une image globalement positive, tant que tout cela ne devient pas trop sérieux. La méditation, cela est encore compréhensible, mais parler de l'ésotérisme de Vairocana, de l'importance capitale de la foi, de la révérence envers les ancêtres, des prosternations et du rituel, cela vous fait rapidement passer pour un illuminé.

Ma vie aujourd'hui est tout à fait régulière. Pour pratiquer le *zazen* et continuer mon étude du bouddhisme en restant intégré dans une communauté de pratiquants, je me rends désormais dans un petit temple situé entre Kyoto et Ōtsu, en direction du lac Biwa, oublié sur un flanc de montagne. Le vieil abbé et son fils tiennent le lieu avec simplicité en suivant avec attention le calendrier liturgique, et une dizaine de pratiquants réguliers forment comme une petite famille. Je cuisine chaque jour matin, midi et soir, récite les soutras, fais le ménage chez moi dans le même esprit qui m'animait lorsque je frottais le sol du temple. J'initie parfois des curieux à la pratique bouddhique et interviens comme guide spécialisé pour les touristes s'intéressant à la culture religieuse et gastronomique de cette merveilleuse ville de Kyoto.

Si la vie dans les temples n'est pas adaptée à tous, chacun à son échelle peut expérimenter ce retour vers une routine dégagée des jeux de l'ego. Cuisiner soi-même ses repas quotidiens en suivant l'esprit du *tenzo* permet par exemple de dédier du temps à la chose la plus élémentaire de nos existences : manger. Avant de se ruer sur le repas, il n'est pas interdit de s'octroyer quelques secondes de silence intérieur pour exprimer en soi-même la gratitude de recevoir ce repas, sans d'ailleurs que cela soit une gêne pour vos convives. Méditer chaque jour, ne serait-ce qu'une trentaine de minutes, est également tout à fait possible avec un emploi du temps aménagé. Portant attention à votre posture, votre souffle se calmera, vous respirerez mieux et votre attitude changera certainement. En mangeant sainement, avec l'esprit adéquat, vous faciliterez votre digestion et vous vous sentirez plus léger. Tout cela semble évident, mais les personnes qui suivent réellement ces préceptes de vie sont en réalité peu nombreuses.

Ponctuant votre journée de repères permettant de voir votre état mental, vous donnerez à votre vie la respiration qu'il lui faut et serez certainement plus attentif aux difficultés de ceux qui vous entourent. Plus tard, peut-être, vous ressentirez le besoin d'approfondir la Voie par l'étude précise et une pratique impliquée.

Mais il est important de comprendre que le zen n'est pas une thérapie ou une solution magique à tous vos problèmes, et rien d'extraordinaire n'arrivera si vous méditez sérieusement tous les jours pendant des mois. C'est ce « rien » le véritable trésor. Incarnant la plénitude d'une vie sans effets, vous entrerez dans le bouddhisme à proprement parler, un bouddhisme vécu et intime, une religion au sens le plus digne du mot, un chemin de foi et de salut, de gratitude et de vœux. Vous n'aurez plus besoin de répondre à la question du sens que la vie vous pose, vivre son mystère deviendra suffisant.

Remerciements

Je remercie mon éditrice Jeanne Pham Tran pour sa patience et son aide dans l'élaboration de ce manuscrit. Je remercie également Colin Deschamps, Matthieu Giroux et Narumi Katada sans qui ce livre n'aurait pu voir le jour.

Composition et mise en pages :
Le vent se lève...

Achevé d'imprimer
sur Roto-Page
par l'Imprimerie Floch à Mayenne
en décembre 2022.
Numéro d'imprimeur : 101621.

Imprimé en France.